文春文庫

高峰秀子の引き出し

斎藤明美

文藝春秋

開けた時

序に代えて

初めて高峰の引き出しの中を見たのは、たぶん二十年近く前だと思う。実母を失った私を励ますように、高峰が毎晩、手料理を食べさせてくれるようになった、その頃だった。

高峰がその時、何を取り出そうとしたのか、鏡台の引き出しを開けた。側にいた私は「あッ」と声が出そうになるほど、その中は整然と、紅筆やアイライナーなど、細かな物がきちんと並べられていた。

恐らくその見事さに気を取られて、私はあの時、高峰が何を取り出すために引き出しを開けたのか、覚えていないのだと思う。

数か月後、ハワイの松山家に遊びに行った時は、高峰が寝室のチェストを開けた。

コンドミニアムにあるプールで泳いだ私に、「夕飯の前にシャワーを浴びなさい」と高峰は言い、「いいよ、だって……」とモジモジしている私の気持ちを察するように、「パンツはかあちゃんのをあげるから」と、私を寝室に連れていって引き出しを開けたのだ。

その時も驚いた。

引き出しの中には、まるで本が背表紙を見せるように、高峰の下着が折りたたまれて行儀よく並んでいたのだ。

「これ、あげるからね」

ベージュの上品な薄手のパンツを一枚取り出すと高峰は言って、次にちょっと顔を曇らせ、

「でも、ブラジャーはダメだねぇ……」

私の胸をマジマジと見た。

私のほうは、よく磨いた夏みかんでも並んでいるようなブラジャー群を見て、思わず、

「何、この乳牛《ちちうし》みたいなの。これに全部、実が入るの？」

思ったままを口にしてしまった。

それほど高峰のブラジャーは大きかった。

「入るよ。見せてやろうか」

そう言うと、一つ取り出して、向かいの洗面所に行った。

「ホラね」

呼ばれて入ると、ワンピースを腰の所でとめて、上半身ブラジャーだけの高峰がいた。

「ちゃんと全部、実が入ってるだろう？」

「ほんとだ」

高峰の胸は大きかった。

「胸が大きい女は頭が悪い」という俗説は全くウソだったんだ、ボンヤリそう思ったのを覚えている。

廊下を横切って寝室に戻ろうとしたら、ちょうど松山が通りかかった。

「何してるんだ、君達は？」

そのバツの悪そうな顔と、上半身ブラジャーだけで「へへ」と笑った高峰の笑顔が、可笑《おか》しかった。

「上から二番目の引き出しにあるよ」

「左の一番上の引き出しを開けてごらん」

やがて高峰は、私に開けさせるようになった。

高峰の引き出しは、開けた時に感じたあの感激と共に、私にはそのまま、高峰との思い出である。

目次

開けた時　序に代えて　3
タキシードの小物　11
ギフト　その1　18
ギフト　その2　25
化粧　32
手紙　その1　39
手紙　その2　46
辞書　53
写真　60
アルバム　67
シール　74
手作り　その1　81
手作り　その2　88
趣味　その1　95
趣味　その2　102

予定 109
ハワイ その1 116
ハワイ その2 123
電話 その1 130
電話 その2 137
愛情表現 144
直径十二センチのフライパン 151
徒然草 158
差配 165

自己管理 その1 172
自己管理 その2 179
訃報 186
まなざし その1 192
まなざし その2 199
まなざしが遺してくれたもの 206
あとがき 214
文庫版によせて 216

高峰秀子の引き出し

タキシードの小物

「いつ死んでもいいように」

それが高峰の答えだった。

どんな質問に対してこう答えたか、読者はおわかりになるだろうか？

平成二十二年十二月二十八日、高峰秀子は八十六歳で逝った。

マスコミから逃れるようにして父・松山善三と私は三か月近く日本を離れ、帰国した直後にあの東日本大震災が起こった。揺れた時、遂に関東大震災の再来かと、私は松山を急かして、庭の中央にある紅葉の木に震えながら摑まったものだ。その時、「怖がったって仕方ない。死ぬ時は死ぬんだよ」と、妙に落ち着いていた松山の静かな顔を覚えている。

やがて東京でも計画停電を行うというニュースが流れた。

蠟燭《ろうそく》、蠟燭……私はまず灯りを確保せねばと思った。

すぐにあった。台所の向かいの納戸《なんど》の棚、目につく場所に、直径七、八センチはある大きな蠟燭が。

高峰は何事にも準備のいい人だった。あちこちをガサガサ探さなくても見つかるように、きちんと置いてある。つまりガサガサ探さなくてはならないということは「ない」ということであり、必要な物は探さなくてもわかる場所に置いてあった。

明けて平成二十四年三月、砧《きぬた》（東京）の東宝撮影所で「高峰秀子を偲ぶ会」が催されることになった。東宝、松竹という日本の二大映画会社が中心になって準備をしてくれた。

私は仕事の合間を縫って映画会社の方々と打ち合わせをして、招待状を書いた。

そうだ、当日の式典で着る洋服。

私は別に何でもいい。問題は、いわば喪主に当たる松山だ。

しかし葬儀ではないのだから、こういう時はタキシードだろう。

そうは思い当ったものの、私はタキシードなどというものには外国映画でしかおめにかかったことがない。

松山はもちろんタキシードを持っていたが、老いて痩《や》せたためにサイズが合わなくなっている。なのでハワイに行った時、急いで新調した。

だが、とまた私は思った。確かタキシードというものにはいろいろな付属品があったはずだ。蝶ネクタイとか、なんか腹帯みたいなものとか……。

タキシードの着せ方だって私は知らないから、親しい編集者にスタイリストを紹介してもらった。しかし付属品がないと……。

さて困った。一体どこにしまってあるのだろう……？

広いクローゼットの間でしばらくぼんやりと突っ立っていたが、とにかく探すことにした。

とりあえず松山の洋服がしまってある側の三枚戸を開けると、十段ほどの大きな引き出しが目についた。

引き出そうとすると、全ての引き出しの取っ手のくぼみに、何か書いた小さな紙片がそれぞれ貼ってある。

「カシミヤ厚手セーター」「カシミヤ薄手セーター」「くつした」……。

あッ。思わず私は声をあげた。

「タキシードの小物」

一番上の引き出しに、その紙片はあった。

高峰の字だった。

私が探していた、まさにそのものではないか。

深い引き出しを外して絨毯《じゅうたん》の上に置いた。

エンジ、銀とグレーのストライプ、紺、数種類の蝶タイと、それに合わせた帯――後から調べると「カマーバンド」と呼ぶそうだが――チーフなど。

かあちゃん、ありがとう。

見ていると、ポロポロ涙が出た。

困っている私を高峰が助けてくれたと思った。

後日、松山家に来てくれたスタイリスト氏が言った、「どれも素晴らしい物ですね。でもエンジ色が多いというのは、きっと松山先生に一番お似合いだからでしょう」。

三月二十七日、高峰の誕生日に開かれた「偲ぶ会」で、松山は黒のタキシードにエンジ色の蝶ネクタイとカマーバンド、チーフを付けた。それらが白髪に映えた。

高峰が死んで以来、憔悴しきっていた松山が生き返ったようだった。老いたりといえど、威風堂々としたその品格ある姿に、養女になってはいても元は赤の他人だった私は「ああ、やっぱりこの人達は遠い世界の人なんだ」と実感した。

それほど冒しがたい威厳に、その日の松山は満ちていた。

それからというもの、私は松山家で幾つもの引き出しを見つけた。

高峰の物をしまってある側のクローゼットにもやはりたくさんの引き出しがあって、

そこには松山と同じく「カシミヤセーター」をはじめ、「スカーフ」「足袋《たび》」「下着」「風呂敷」……。

一目瞭然の分類だった。

クローゼットだけでなく、台所、食器棚、鏡台、チェストと、引き出しはたくさんあった。

高峰が生きていた時には、「鏡台の引き出しの上から二番目にあるから」と、言われて高峰の好きなヴォーグを取りにいったり、だが指示されずに開けることはなかった。

高峰がいなくなった後は、開けるつもりがなかった。

高峰に指示されたこと以外、勝手なことはしたくなかったし、高峰の許可なしに引き出しや戸棚を開けるのもイヤだった。

開けざるを得ない今の松山と二人きりの生活を始めても、「かあちゃん、開けさせてもらいます」と言って、開ける。

それほど、松山家のありとあらゆる場所に、高峰の魂《たましい》が宿っている。調度品も食器も何もかも、〝高峰好み〟である。

そしてハサミや爪切りなどの小物も、探し回らなくても常に定位置にある。

「いつ死んでもいいように」

それは私がこう問うた時の答えだ。

昭和33年、ベネチア国際映画祭に向かう船上で、夫・松山善三とダンス。初々しいタキシード姿に、ボーイさんと間違われたというエピソードが。

大切にしまわれていた蝶ネクタイとカマーバンド。

「整頓のコツは？」

その答えを完璧なまでに実行して逝《い》ってしまった人である。

見事な引き出しを持っていた人だ。

では、高峰自身の中には、どんな引き出しがあったのか——。

これからひもといてゆく。

ギフト　その1

贈るのは、難しい。

何年か前、私はひどい目に遭った。

松山と高峰の知人女性で、私はたまたま電話を取り次いだだけなのに、「斎藤さんですか？」に始まってさんざん長話をされ、挙句に翌日は私に電話をかけてきて身体のサイズを教えてくれと言う。私は訝《いぶか》って、「もし何か送ってくださろうとしているのでしたら、結構ですから」と断った。

にもかかわらず送ってきた。

ネグリジェを。

非常識でしょう。会ったこともない人間にこういう物を贈るって。

見れば有名店の品で、絹製。そこにおリボンやお花がゴテゴテ付いている。

ゲッ。いわゆるドンびきである。

「かあちゃん、○○さんからこんな物が……」、困って高峰に見せると、「いやぁねぇ」。

少女趣味が大嫌いな高峰は、見るなり顔をしかめて、一言「送り返しなさい」。

だが人には〝分〟というものがあって、高峰は送り返せても、私如きがしてはならない、ぐらいのことはわかっている、私にだって。

なのでその女性に手紙を書いた。「正直、困惑しております。松山と高峰とは長いお付き合いでしょうが、私はこのような高価な物を戴《いただ》く筋合いの人間ではありません。今後はこのようなお気遣いはなきように」と。

だが返事は来ず、以後、チクチク意地悪をされた。

つまり贈り物で一番性質《たち》が悪いのが、自己満足。

相手のことなど全く考えていない。私が素敵だと思うからいいでしょ。高級品なんだから有難く思え。てなもんである。大迷惑だ。

どんな人間にも趣味という物がある。贈り物は〝消え物〟がよいと言われるが、たとえ食料品であっても、人には好《す》き好《ず》きがあるのだ。

その意味で、高峰秀子は、実に贈り物がうまい人だった。

以前、高峰が仕事の打ち合わせをした時、担当編集者が「すみません、お聞き苦しい声で。風邪《かぜ》で喉が……」と言ったのを覚えていて、翌日、同じ出版社で働いていた私に「△△さんにこれ持っていってあげて」と。

のど飴だった。

ごく普通ののど飴である。だがその編集者はとても喜んだ。もちろん大女優の高峰秀子さんがくれたということもあるだろうが、風邪を引いている自分のことを心配してくれたそのことが何より嬉しかったのである。

相手を思う気持ち。

高峰は外で働く人にはよく名刺入れをあげた。私も知り合った頃、貰った。「名刺入れは毎日使うから古くなる。替えがあっても邪魔にはならないだろう」というのが高峰の考えである。

邪魔にならない物。

これは大事である。

おリボンだらけのネグリジェなんか邪魔どころか、気色悪い。

高峰はキーホルダーを贈ることもあった。これも毎日使っていると古くなるから、替えがあってもいいだろうし、第一、小さいからしまっておくにも場所をとらない。

そういう邪魔にならず役に立つ物を、高峰は必要な時に買うのではなく、ハワイや外国に行った時にブランドの店で複数買って、引き出しに入れてあった。

高峰が死んでから、見つけた。

「ギフト」と小さく書いた紙が貼ってある引き出しを。

それらを高峰は自分で包装した。

だから松山家のチェストの引き出しには、きれいな包装紙やリボンテープがたくさん入れてある。

それらを使って、華美にならず、つつましく、上品に包んで相手に渡した。

外国ではそれが日常になっている。だから小さなスーパーにもギフト用の包み紙や紙袋が売られている。その点、外国人のほうが日本人よりも贈り物については長《た》けていると私は思う。

デパートで送り状だけ書いて「これ贈っといてください」ではなく、それがどんなささやかな物であっても、贈り主が自ら包んでリボンをかける、その〝気持ち〟が嬉しいではないか。

高峰の贈り物を見ていてわかることは、相手の邪魔にならない物。万が一それを気に入らなかったら、他の人間に譲《ゆず》っても恥ずかしくない物。

おリボンだらけのネグリジェを人に譲れるか!?

そして相手の負担になるほど高価ではない物。

品物だけがギフトではない。

昔、高峰が一人のファンに会った時のことだ。その女性はなぜか下を向いたままなので、どうしたのだろうと見ると、片目が開けにくい状態だったという。

その時のことを高峰はこんな風に言った、

「そういう時、普通の人は遠慮して相手の目のことには触れないんでしょうけど、私はこういう性格ですからね、聞いたの、『あなたのその目はどうしたの？』って。そしたら彼女が『瞼《まぶた》が上がらないんです』と」

高峰はただの興味本位で相手に質問をする人ではない。

すぐに、かつて医学専門学校に通っていた夫の松山に相談して医師を探してもらい、その女性を連れていって瞼を治療してもらったのである。

十数年前、私が『高峰秀子の捨てられない荷物』を刊行した時、その女性から手紙が来た。『私は昔、高峰さんにとても親切にしていただいて……お陰様で今は瞼が開きます』という内容が書いてあった。

贈り物は難しいだけでなく、人間性を問われる。

趣味の良し悪しもさることながら、〝知性〟の問題だ。相手をどこまで思いやれるかという聡明さ。

たかが贈り物、ではないのだ。

だからゆめゆめ、安直な気持ちで贈り物はしないこと。品物を選ぶ自信がなければ

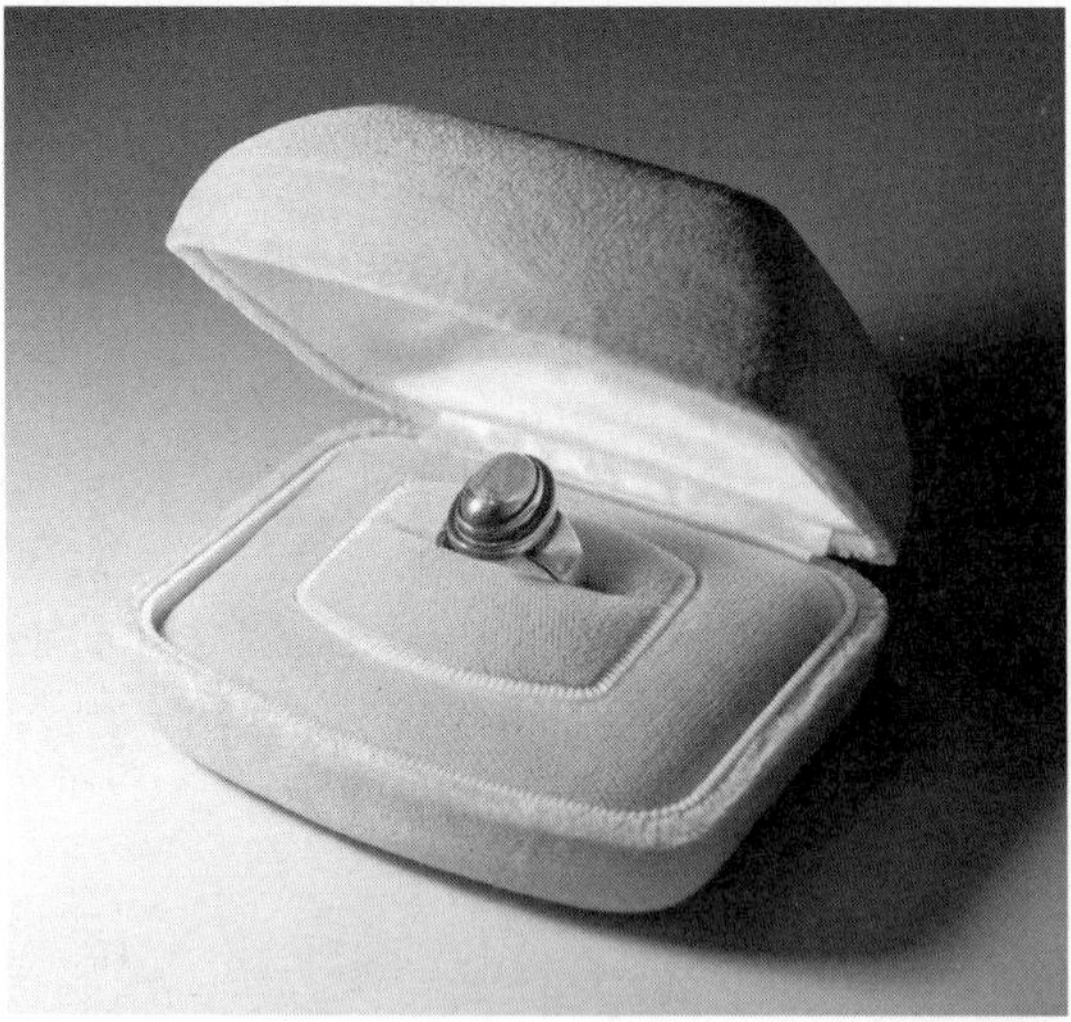

私の誕生日に贈ってくれた指輪は松山が愛用していた物の一つ。ケースも自宅にある物を利用。贈る物も容れ物もすべて〝手作り〟。それだけに二人の温かい気持ちが伝わる。

すぐ間に合うように、高峰は贈り物に付けるカードも常に引き出しの中に用意していた。

ば商品券にするのが無難である。

では、高峰が贈り物を貰う側になった時、どんな反応をしたか？

それは次回に。

ギフト　その2

年末、ホノルルにいたら、現地に長く住む日本人のF氏に言われた、「クリスマスの翌日はショッピングセンターには近づかないほうがいいですよ。とにかく物凄い混雑だから、ご高齢の松山先生に何かあってはいけない」。

クリスマス前なら贈り物を買う人で混み合うだろうが、なぜクリスマスの翌日がそれほど混雑するのか？

氏の答えは、「クリスマスプレゼントを取り替える人が押し寄せるからです」。

プレゼントを取り替える？

「こちらではそれが当たり前なんです。貰った品物が気に入らない場合もあるでしょう？　贈る側も承知していて『好きな物と取り替えてください』と思っているし、店側もあらかじめ交換用のカードを商品に付けているんですよ。だから貰ったプレゼントを他の物に交換したって一向に失礼じゃないわけ」

ほぉ。私は感心した。

いかにも合理的なアメリカらしい。

日本なら、「そんなことをして、もし取り替えたことが相手に知れたら今後の付き合いが……」と、たとえ贈り物が気に入らなくても「結構な物を戴いて」などと心にもない礼を言う。店のほうだってそんな行為に慣れていないから迷惑顔をする。

日本人は「NO」を言うのが苦手だ。

だが、高峰は、違った。

最たるエピソードは結婚後まもなく松山から反物《たんもの》を貰った時のことだ。つまり高峰にとっては、松山からの初めてのプレゼントである。

当時、松山はまだ収入が微々たるもの。そんな貧しい三十歳の青年が懸命に買ってくれた物だ。普通の女性なら「嬉しいわ」と満面の笑みで受け取るだろう。

ところが高峰は、何と、柄が気に入らないからと反物を取り替えに行ったのだ、銀座のその呉服店まで。

「その時、とうちゃん（高峰は私の前では松山のことをこう呼んだ）がね、『もう二度と君には何も買ってあげない！』って言ったよ」

高峰は懐かしそうに笑った。

二人は交際半年余りで結婚した。だから松山はまだ高峰のことを、特にその極めて厳格な嗜好《しこう》を、理解していなかったのだ。

その証拠に、松山は言葉とは裏腹に、その後何度も高峰に贈り物をして、何一つ取り替えられていない。〝学習〟したのである、妻の好みを。

写真にあるカメオのブローチと腕時計もそうだ。

殆《ほとん》どの宝石を知人にあげてしまった高峰が、このカメオのブローチだけは終生大切に持っていた。

腕時計に至っては。

ある時、私にペンダント型の時計をくれて、続いて「これもあげるよ」と差し出したのがこの腕時計だった。

「いいよ、そんなに」、私が腕時計を返そうとしたら、裏に字が見えた。

「あれ？　ここに何か刻んである。ん～と……toHかな。それと……27、3、1956……」

私が腕時計の裏に刻まれた小さな文字を読みあげていると、

「あ、ダメ！」

弾《はじ》かれたように言って、高峰はいきなり私から時計を奪った。

腕時計の裏には、最後に「Z」と刻印されていた。

一九五六年三月二十七日、「H」へ「Z」から。つまり結婚二年目の高峰の誕生日に「H」即ち「秀子」に「Z」善三が贈ったものだった。

高峰はうっかり忘れてその腕時計まで私にくれようとして、文字を読みあげられて初めて気付き、慌てて取り戻したのである。

「ヤダ、ヤダ、おくれよぉ。くれるって言ったじゃない」

わざと私がねだると、

「ダメ、ダメ。これはとうちゃんがくれた時計だから」

七十三歳の高峰が小さな腕時計を胸に抱きしめて放さない姿に、私は胸が熱くなったのを覚えている。

高峰は、物に対しても人に対しても、好き嫌いがハッキリしていた。

「亀の子束子《ダワシ》一つ、私が嫌いな物は何一つうちにはありません」

そう言い切った人である。

たとえ最愛の人からの初めての贈り物であっても、気に入らない物は気に入らない。

そういう人だった。

それを、ましてや最愛でもない他人が妙チクリンな物を送ってこようものなら、殆ど怒り心頭だった。

ある女優から送られてきた真っ赤なスカーフは即座に知人にやった。クロコのハンドバッグは売り飛ばした。ワニやトカゲの革が大嫌いだから。

高峰の嫌いな物に対する排除ぶりは徹底していて、それは高峰に送ってくる物の中で一番多かった「花」にも如実に表れた。

「何、この花ッ」

真っ赤なバラにカトレア、ユリ、人工の銀色の枝、変てこな飾りの葉っぱ……。いわゆる花屋に〝お任せ〟の花束である。

高峰はプリプリしながら銀色の枝と葉っぱをゴミ箱に捨て、それでも「花には罪がないんだから」と言いながら、残るバラとカトレアなどを分けて、別々の花瓶に生《い》けた。

そしてバラは部屋の、最も自分の目に触れない場所に置いた。

高峰は真っ赤なバラが嫌いだった。そしてカトレアもユリも。

食卓が一番、台所のカウンターが二番、三番が飾り棚……置く場所で、私には高峰の贈られた花への好感度が一目瞭然にわかった。

人に貰った物を捨てる、突き返す、売り飛ばす、他の人にやる、これらの高峰の行為を、もし大女優の傲慢と感じる人がいたら、その人には是非、高峰の人生を知ってほしい。

カメオのブローチは彫金家の奥村博史作。夫から贈られた小さな腕時計は、銀を好んだ高峰のお気に入りで、華奢なその手首によく映えた。

花が好きで、部屋には常に花があった。そして毎日水を取り替え、枯れた葉や花弁を丁寧に除いて、本当によく世話をしていた。

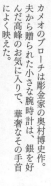

松山と出逢うまで彼女がどれほど過酷な歳月を送ってきたか。己《おのれ》の人生そのものに「NO」と言いたい修羅《しゅら》の中で、高峰はじっと人間を見つめてきた。人を縛《しば》る、人に強《し》いる、迷惑をかける、不快にする……。

自らが苦しめられたそれらの行為を、決して人にはしなかった。

だから相手が眉をひそめるような物も贈らなかった。

気に染まぬ物を贈ることは、相手に苦を与えることだ。

ギフト上手は人間への理解力と比例する。

本当の贈り物をしたいなら、まずは相手を理解することである。

高峰秀子が最も愛した花は、「都わすれ」だった。

化粧

女で、生涯に一度も化粧をしたことがないという人は稀《まれ》だろう。

では、なぜ女は化粧をするのか。

綺麗になりたいからだ。

だが果たして、本当に綺麗になっているのか。

私がこれまで取材したおよそ千二百人の著名人の中に、自称も含めて、「女優」が三百人近くいたと思う。

女優はたいてい綺麗なものである。

何て美しい人だろう。だが、彼女達の中で私が心からそう感じた人は、二人しかいなかった。

みな化粧をしていた。撮影が伴う時などまさに完璧な化粧をしていた。

それなのになぜ、美しいと感じなかったのか。

私が滅多な女性を「美人」と思わない、自分には甘く他人に極めて厳しい、不遜な「美人信仰」だからか。いや、不自然と感じたからだ。

顔と化粧がズレている。

一般的な例を言えば、地黒の女ができるだけ色白に見せようと、明るいファンデーションを塗っても、顔と首の色が乖離《かいり》するのが関の山で、夏など、露出している胸元や腕が黒いのだから、白い顔だけが亡霊のように浮き上がって、不気味だ。

中でも老いた女の厚化粧は、痛ましく、正視に堪えない。

皺が水分の失せた顔の上で、まるで大勢が滑りまくった後のゲレンデと化して、悲惨である。

過剰な化粧をすればするほど、ズレは増大する。

ズレるのは、どこかに無理があるからで、不自然に感じるのだ。

世の中、何が醜いと言って、無理があるほど見苦しいものはない。

無理は、欲望から生まれる。

様々な意味で、自分の実像より上に見せたいという欲望。

だが女優と呼ばれる人々は化粧が商売だ。そんなレベルのズレ方はしない。では何に対して、私は不自然さを感じたのか。

顔でなく、心が、化粧とズレていたのだ。

言葉に知性がない、人柄が高慢、仕草が下品……。

だから私は、高峰秀子を、美しいと思う。

造作《ぞうさく》だけで言えば、高峰より顔の造りがいい女優は幾らもいる。

私が知る高峰は七十代以降だから、普通に言えば「お婆さん」だった。

だが高峰の肌は常にみずみずしく、唇はきれいに赤味を持って、顎などうっすらと静脈が透《す》けて見えるほど、皮膚の薄い、極めて繊細な肌をしていた。

生活を共にする前は、正直、私は思っていた、「引退したとはいえ女優なんだから、きっと特別なことをしているに違いない。でなきゃ、こんなにきれいなはずがない」と。

だが一緒に暮らし始めて驚いた。高峰は朝起きて、洗面所で化粧水を顔にピチャピチャ付けて終わりという人だったのだ。その化粧水もどこにでもある化粧水である。

だから、日頃は俗に言う「スッピン」。

何が恐ろしいと言って、化粧を落とした女優ほど恐ろしいものはないんですよ、あなた。凄いことになってるんだから、マジで。

だが高峰はスッピンで美しかった、最期まで。

「かあちゃん、スベスベ」、夕食の時など、そう言って私が高峰のほっぺたを触ると、高峰が私の頬を撫《な》でて「ガサガサ」、そうやってよく二人で笑い、「何してるんだ、君達は」と松山に呆《あき》れられたものだ。

もちろん生まれ持った肌質というのがある。

色黒で肉厚の私など、色白のきめ細かな肌の人が羨ましい。

だが色白であろうと、薄い皮膚であろうと、人間の細胞は歳をとると必ず古びる。自然の摂理だ。

本書表紙の写真は七十代初めの高峰だ。

美しいと思いませんか？

もちろん高峰も化粧をすることはあった。鏡台に向っているのを一度だけ見たことがある。と言っても、既に化粧を終えて立ちあがろうとしていた時だが。

あれは確か、三越の中央ホールでトークショーをするのを迎えに行った時だから、高峰は七十二だった。

「おはよう」、振り向いてそう言った高峰の顔を見て、私は息を呑んだ。

そこには、五歳の時からカメラの前に立ち続け、五十年の女優人生で三百余本の映画に出、日本映画界最多の映画賞を受けた銀幕の大女優がいた。その堂々たる威厳と、「どこからでも見てください」と言わんばかりのプロの姿に、私は気圧《けお》された。

それほど、その時の顔は〝大女優・高峰秀子〟であり、台所で菜っ葉を刻んでいる「かあちゃん」とは別人だった。

一抹の寂しさと共に、私は高峰の〝仕事〟に対する割り切り、プロの真髄を見たと思った。

高峰は〝営業用の顔〟になったのだ。

欲望ではなく、必要のために。

それでもファンデーションは薄く、口紅は抑えたローズ色だった。

まず自分の顔を知る、置かれた状況を考える。

化粧をする際の必須条件だ。

これを忘れるから、人が驚くような不自然な顔になるのだ。

厚化粧はお面と同じで、一度付けたら外せなくなる。付けまつげもマスカラもアイシャドウも、頬紅も……付ければ付けるほど、次回からそれが無くてはならない〝顔〟となって、それは一層加算されていく。

化粧は人生と同じで、〝足す〟ことは容易でも、〝引く〟ことは至難だ。

生きていると、何もかもが増える。

洋服も家財も人間関係も、体重も。気が付くと、それら膨大な物を引きずってデブデブになった自分がいる。

高峰の人生は、引き算だった。

あらゆる物を捨てた、清廉でシンプルな人だった。

何より、老いを受け入れた。

そして一切の欲望がなかった。

「若くなりたい」「綺麗になりたい」「小顔になりたい」「……たい」「……たい」、そんな不可能な強欲の奴隷になる前に、考えよう。

自分は果たして無理をしていないか、顔と化粧が、いやいや、心と化粧がズレていないか、と。

化粧が女を美しくするのではない。女の美しい心がけが、映える化粧を生むのだ。

高峰を思い出すたび、己の醜さに、私は戦慄する。

心は、顔に出る。

愛用していた香水。既製の香水瓶から自分の気に入った瓶に移し替えて使っていた。「瓶は拭かないでください。埃もそのままに」、撮影の時、私が言うと、編集者はちょっと驚き、そして次にニッコリ頷いてくれた。

手紙　その1

簡潔だった。
心に染みた。
それが、高峰秀子の手紙だった。

こんな経験はないだろうか？
手紙を書いていて、特に絵葉書。絵葉書というのは裏一面が絵か写真で占められているから、文面は表の下半分に書くようになっている。スペースが少ない。そこで、出だしは悠々と、文字も大きく、文字間もゆったりとって書き始めるが、次第に文字が小さくなり文字間が詰まり、最後のほうはギチギチになる。中には上半分の自分の住所の横にまで残りの文面がはみ出したり。

私は住所の欄にまで書いたことはないが、文面の後半が徐々に詰まってきて、文字の濃淡が見事なグラデーションになったことがある。

思うに、この現象の原因は、頭が整理されていないからだ。

何を書くか、という頭のまとまり。そして書く人の性格。

必ず下書きをするのだという人はそれで大変結構だが、普通は葉書や絵葉書は一発で書くものだ。

だからその少ない文面に、書き手の人柄が如実に表れる。

几帳面かだらしないか、潔《いさぎよ》いか未練がましいか、集中力があるかないか、センスが良いか悪いか、読む側のことを考えているかいないか……などなど。

高峰から貰った手紙や葉書で、徐々に文字の大きさが小さくなっていったり、文字間が詰まってきたり、最後は書ききれずにはみ出したり、一度もなかった。

まず、見た目が美しかった。

文字の大きさと文字間が、極めてバランス良く、読む側の目に適切だったからだ。

恐らく、いや、きっと、高峰はペンを取る前、瞬時に「書く内容」と「量」を計算していたのだろう。

その意味で、高峰はパソコンとも携帯電話とも無縁の人だったが、心は豊かな情感で溢れている一方で、その頭脳の働きは下手なコンピュータより精密で正確だった。

そして何より文面に、〝手垢のついた〟陳腐な表現がなかった。

〈昨年からずっとホノルルで、昨夜帰ってきました。高知のお酒が待っていてくれました。本当に御ちそうさまでした。たのしみに頂きます。ホノルル寒くて風邪をひいて寝ました。日本国も寒い〳〵。

お互いに気をつけましょう。とりいそぎお礼のみ。

1／28　高峰秀子〉

これは今から二十数年前、まだ私が週刊誌の記者として高峰を「高峰さん」と呼んでいた頃、郷里から送ったお酒の礼状に貰った絵葉書である。裏は、高峰が好きだった与《あた》勇輝《ゆうき》氏作のニンフの写真。従って文面は表の下半分に書かれていた。

用件であるお礼、高峰自身の現状、時候について、相手への想い。これらが過不足なく、しかも彼女流の表現で書かれている。

名前まで入れて、全部でおよそ130字。

簡潔かつ血肉の通った文面である。

私は手紙でも、「ご清栄に存じます」「ますますご健勝に」という類の表現は殆ど使ったことがない。どこか無機質な感じがするからだ。

心の底から敬意をもって、「ご健勝に」と祈る相手にしか書かない。

言葉は、〝自分のもの〟であってこそ意味があるのではないか。

服装や装身具も、〝身につかぬ〟ものは不自然で、ましてやそんな言葉は相手の心に届かないと私は思う。

だから「手紙の書き方」本などに倣《なら》って手紙を書く必要などないのだ。自分の言葉で懸命に書けばいい。文章が下手であろうと稚拙《ちせつ》であろうと、心さえこもっていれば、必ず相手に通じるものだ。それが通じないような人間とは付き合わぬことだ。

ただし、字はきれいなほうがいい。

というより、読みやすいに限る。悪筆でいいのは一流の作家か画家くらいのものだ。

「この先生の字はいつも読みにくいんだよね」で許される。

そして分量。

高峰は封書の手紙も簡潔だった。

特徴は、縦書きの便箋を使わなかったことだ。と言って、高峰が横書きをしたのは一度も見たことがない。必ず縦書き。

高峰は、本来横書き用である便箋を、縦に使っていたのだ。

私は初めて高峰から封書を貰った時、いいアイデアだなと思った。

後にも先にも、横書きの便箋を縦に使った人は、私が知る限り高峰だけである。

つまり読む側が、読みやすいのだ。一行が短くなるから。

どういう理由でその手法を思いついたのか、もう高峰に聞くことはできないが、徳利《とっくり》を一輪ざしに使ったり、飯茶碗にちょっと酢の物を盛ったりした、高峰流の〝とらわれない〟使い方に通じるように思う。

高峰は何事にも、独自だった。

世間一般でそうされているから、多くの人がそう信じているから、昔からそれが普通だから、そんなことには一切拘泥《こうでい》しなかった。

そして高峰が便りを出す時の最大の特徴は、自分からは出さなかったことにある。どうしても必要に迫られた重大な用件がある時のみ、例外的に出した。

年賀状も一切出さなかった。

黙って人を想う人だった。

手紙を読むのには時間がかかる。

たかが数分だろうと人は言う。しかし高峰は、その数分を「申しわけない」と思う人だった。「私のために貴重な時間を取らせて」と。

人の時間を奪うことは罪悪です。

これが高峰の信条だった。

その代わり、返事は早かった。

読んですぐ出した。いつも。

朱塗りの大きな鉢が寝室の出入り口に置かれていて、そこに切手を貼って投函するばかりになった葉書や封書が入れられていたが、「外に行く時、ついでに出しておいてくれる?」、高峰に言われて私は「え? もう返事書いたの?」と驚いたことが何度もある。宛名は、つい今しがた高峰が読んでいた手紙の相手だったからだ。

高峰秀子からの便りは、温かかった。

高峰の体温が感じられるようだった。

そして今、私は、もう二度と受け取ることができない高峰からの手紙を読み返して、泣いている。

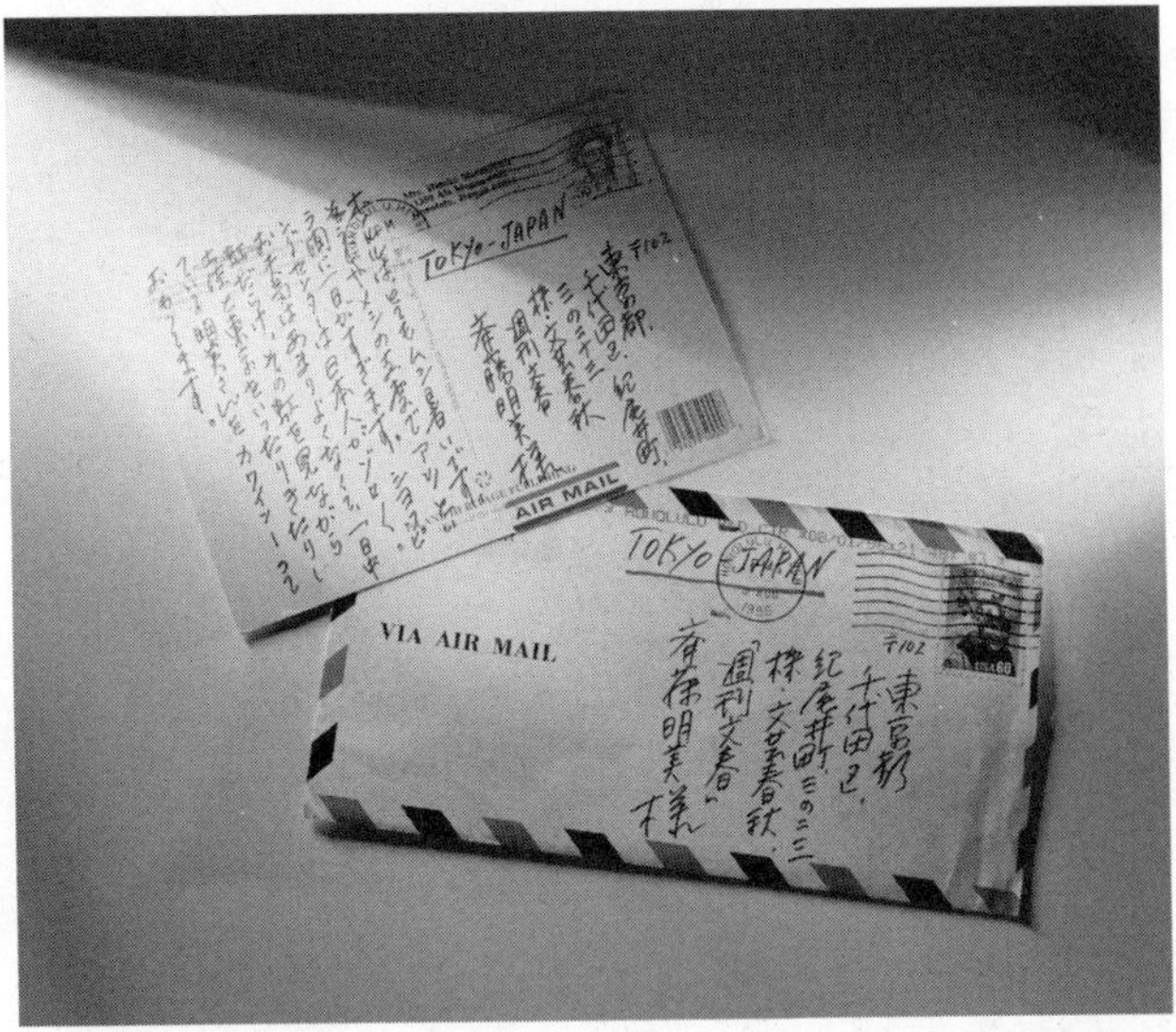

毎年夏冬を夫と過ごすホノルルから、高峰はいつも絵葉書や手紙を送ってくれた。この表書きを見るたびに心がワクワクした。読めば、そこに高峰がいたからだ。

手紙　その2

女優と呼ばれる人々がどれほどのファンレターを受け取るものか、私は知らない。

だが、引退して四半世紀も経ち、たまに誌面に綴る随筆という形でしか世間との接触を持たない往年の女優にしては、高峰が受け取っていたファンレターはかなり多いほうではなかったろうか。

私が知る七十代以降の高峰に、平均して三、四日に一通は来ていた。

年配の人だけでなく、中には十代の人から「デコちゃん」という書きだしで手紙が来て、「私のこと幾つだと思ってるんだろう？」と、高峰が目を丸くしていたこともある。

出した方々には大変申し訳ないが、高峰に「読んでごらん」と言われて私はいつもそれらのファンレターを読ませてもらっていた。

時には差出人本人の写真が入っていたりして、私は思わず「見合い写真じゃないんだから」と呆れたものだ。

だが共通していたのは、どの手紙も心がこもっていたことだ。高峰への愛情、思いやり、心配……。

ただし、長かった。

特に年配者からの手紙はものすごく、封筒がコロコロしていた。

自分について書くからだ。

高峰が言ったことがある、

「年寄りの手紙は嫌い、長いから」

私は思わず吹き出した。

だって高峰自身が年寄りなのだから。

つまりそれだけ、高峰は〝年寄り臭く〟ない人だったのだ。

こう書くと、「何だ、せっかく一所懸命書いたのに」と怒る人がいるかもしれないが、前回も書いたように、「人の時間を奪うことは罪悪です」というのが高峰の信条だった。

便箋二十枚三十枚は、二、三分では読めない。

そして読むに要する時間より何より、未知の人間に対していきなり「私は」「私は」と己の人生を長々と綴る行為そのものが、どうだろう。

高峰は手紙でも、随筆でも、そして日常的にも、「私は」が極めて少ない人だった。人様に自分を押し付けること、人様の負担になることを何より嫌った。

やはり、手紙で、〝いつのまにかミニ自伝〟は、いけない。

今から七、八年前だったか、もちろん高峰がまだ健在だった頃だ。

ある時、食卓に置いてある大型封筒を指して、高峰が言った、「読んでごらん」。

見ると、封筒の表には切手が貼っていない。直接持ってきて、松山家の郵便受けに入れたのだ。その上、分厚い大型封筒……。不気味だ。読みたくない、正直、私は思った。

だが高峰が読めと言うので、読み始めた。四百字詰め原稿用紙五十枚はあったと思う。

少し読んで「おッ」と思った。高峰秀子論になっている。それも、結構いいのだ。

「なかなかのもんだろ」

煙草を吸いながら高峰が言った。

一気に読めた。

下手な映画評論家も顔負けの内容だった。

と、高峰がポツリと言った、

「返事を書きたい手紙には住所がない」

封筒の裏には、「九州」としか書いていなかった。

高峰は偏見や先入観を持たない人だった。だから読んだ。

私なら、切手が貼っていないこと、差出人が記されていないこと、封筒のあまりの厚さ、それだけで怪しみ、読まなかったかもしれない。

高峰は全て読む人だった。

未知の人間からの手紙であろうと、長かろうと、字が穢《きたな》かろうと、一通残らず読んでいた。

「これ読んで、適当に返事出しといて」とマネージャーに丸投げする女優とは違った。

第一、高峰はマネージャーを持ったこともない。

そして、読むと、捨てた。

高峰が八十六年の生涯で受け取った手紙がどれほどの数になるのかわからないが、高峰が今も自宅に残している手紙は十通もない。

高峰が手紙を書く、読む、捨てる。それは、高峰の人生と似ている、と私は気づいた。

無駄を言わず、余分な物を持たず、簡潔でシンプルに暮らした。

だが、捨てても、高峰は心にしまっていた、思い出も手紙も。

先日、徳島に住む女性から手紙が来た。私に手紙をくださる読者の大半は、当たり前だが、高峰秀子のファンである。その女性もそうだ。

近著の『高峰秀子の言葉』を求めてくださったという有難い内容の他に、こんなことが書かれていた。

ある時、その方が庭で育てた徳島名産のスダチを高峰に送ったそうだ。

受け取ってくだされば幸せとだけ思っていたのに、高峰から礼状が来て驚いたそうだ、それもすぐに。

礼状には次のように記されていたという。

「今夜早速、寄せ鍋をしてスダチを使わせていただくことにしました。ほんとうにご馳《ち》走《そう》様でした。お店で買うより新鮮で、とても嬉しいです。お元気でどうぞ」

その女性は、誰ともわからぬ人間に対して何と平等な人かと高峰の人柄に敬服したという内容を、私への手紙に綴っていた。

実は、私はこのスダチを食べた。

いや、百パーセントこの女性からのスダチだったとは断言できないが、それでも私がご相伴にあずかった松山家の夕食の中で、スダチが出たのは一度だけだったと記憶している。

だからこの手紙の主と同じ四国出身の私は懐かしく、「あ、珍しい。高知では酢ミカンって言うんだよ」と言うと、高峰が「ファンの人が送ってくれたの」と言ったのだ。

その女性からの手紙のお陰で、私はまた高峰に会えた。

喜んでお返事を書いた、短く。

原稿や大事な手紙の返事は、鉛筆で下書きをしていた。そして辞書を手放さなかった。このライティングデスクは家を縮小した時に手放し、その後は松山からお下がりの文机が執筆場所に。今でもその横には各種の辞書が並んでいる。

高峰がその長い生涯で一度だけ、「なぜ大事にとっておかなかったか……」と悔やんだ手紙。

それは、宛名「日本国　高峰秀子様」、差出人「一兵士より」、「生きて帰れたら、あなたに似たお嫁さんを貰いたいと思います」、異口同音にそう綴られていた幾百幾千通の、遠い異国の戦地から届いた、血と泥で汚れた手紙、それだけだった。

辞書

以前、取材の折に私は訊いた、

「一冊だけ本を選ぶとしたら？」

高峰は即答した、

「厚い辞書。広辞苑だな」

随筆家でもあるのだから当たり前。そう思う人もいるだろう。

だが、高峰秀子が初めて辞書というものに手を触れたのは、三十一歳の時だった。

松山善三と結婚したばかりの頃である。

ある日、一つ年下の夫は、新妻の行動を見て、不思議に思った。

その辺にある新聞や雑誌をやたらひっくり返していたからだ。

「何してるの？」

妻は答えた、

「字を探してるの」

字を……探す？

高峰には学歴が、無い。

正確には、小学校に延べ一か月、今の中学に相当する御茶ノ水の文化学院に数日。

これが高峰の八十六年の生涯における、学歴の全てである。

養母は自分の名前だけはかろうじて書ける、読み書きのできない人だった。

秀子は五歳の時から子役として働き、己が養われるはずの養父母を逆に養い、十三歳からは、加えて十数人の親戚の生活を担わされた。

行きたくても、学校に行けなかった。

幼い秀子に読み書きを教えてくれる者はなかった。

だが、〝神様〟がいた。

小学校一、二年の担任、指田先生だ。

指田先生は、秀子が地方ロケに出発する日、いつも駅のホームに駆けつけて、「秀子ちゃん、これ」、そう言って、汽車の窓から絵本を二、三冊差し入れてくれた。

それを車中で見ながら、秀子は字を覚えたのだ。

「象の絵がある側に『ゾウ』と書いてあれば、あ、これは『ぞう』と読むんだなとわかるでしょ」

当時のことを、こともなげにそう振り返って、高峰は私を見た。

だが私はその目を正視することができなかった。

涙が出そうだったからだ。

児童福祉法もなかった時代、寝る時間さえ満足に与えられず、一日十五時間も十六時間も大人に交じって働いていた幼子は、そうやって一字一字、独りで読み書きを覚えたのだ。

その事実が、私には悲しすぎた。そしてその事実を少しも苦労と思っていない高峰が、哀しかった。

高峰秀子は目に一丁字《いってぃじ》もない人になっていても仕方のない人だったのだ。

だからこそ最後まで、遠い昔の担任教師を「私にとって〝小僧の神様〟みたいな人だった」と懐かしんだ。

そして冒頭のインタビューの際、こうも言った、

「もちろん辞書の存在は知ってたけど、私みたいなバカが触っちゃいけないものだと思ってた」

割り算も引き算もできず、何川が何県を流れているかも知らない自分を、同い年の子

供達が知っていることを知らない自分を「バカ」だと思い、その思いは終生変わらなかった。

若い夫は、自分が中学時代に使っていた古い国語辞典を与え、引き方を教えた。

「割り算も掛け算も教えてくれたよ」

そう言って私に微笑んだ高峰の、何と幸福そうだったことか。

その日から妻は、新聞や雑誌で同じ漢字を探して読み方を知ることをやめ、慣れない手つきで、夫から貰った辞書を引くようになった。

そして七十歳。私が知る高峰は、求める字を広辞苑でピタリと引き、曲がりなりにも大学出の私など及びもつかぬ語彙力を持つ、文字通り博覧強記の人となっていた。

今は亡き作家の司馬遼太郎氏が、ある時つくづくと高峰の顔を見ながら言ったという。

「どんな教育をすれば、高峰さんのような人間ができるんだろう」

やはり亡き人となってしまった作家の井上ひさし氏は、高峰と対談している時に言った、

「どうしたら高峰さんのような人物ができるのか、そこに興味があるんです」

司馬遼太郎と井上ひさし。日本文学界に偉大な足跡を残した二人の作家が、女優・高峰秀子を前にして、奇《く》しくも同じことを言った。

そしてそれは、出逢ってから二十年余り、私が頭に浮かべない日がなかった疑問である。

一体どうすれば、かあちゃんみたいな人間が出来上がるんだ……？

学ぶ機会を奪われ、職業を選択する自由も与えられず、血縁という名の、顔もろくに知らない大人達の口を糊するために働き続けねばならなかった人の、辞書とは、最愛の夫が授けてくれた、大切な宝物だったのではないだろうか。

そんな高峰が奇遇を得ている。

やはり結婚後まもない頃、ある日夫と共に帰宅すると、お手伝いさんが「お留守中にこういう方がおみえになりました」と、一枚の名刺を渡した。

見るなり夫は飛び上がり、「大変だ、大変だ」と、声を上げた。

「どうしたの？」

名刺の名前を見ても、妻には何のことやらわからなかった。

「コウジエンだ！　あのコウジエンの……」

夫は相変わらず興奮している。

「コウジエン？　どこの中国料理屋？」

妻はポカンとしている。

名刺に記されていた名前は「新村出《しんむらいずる》」。

それは長い歳月をかけて、あの〝不朽の名作〟広辞苑を編纂した、新村出翁《おう》その人だったのだ。

夫からのお下がりの国語辞典しか知らない高峰は、「広辞苑」も「新村出」も知らなかった。

新村翁は昔から高峰の大ファンで、学会に出席するため京都から上京したのを機に松山家を訪れたのだった。

二人がすぐに宿泊先の翁を表敬訪問したのは言うまでもない。

今でも、高峰が原稿を書いていた文机の傍らには辞書がある。

広辞苑、大辞林、英和辞典、和英辞典、仏和辞典、広東語辞典、中国料理用語辞典……。

学びたい心さえあれば、人はどんな境遇でも勉強できる。

あなたは辞書を持っていますか？

59　辞書

高峰が愛用した文机の横には様々な辞書が。そしてベッドの枕元には今でも、年季の入った『英語の文型と文法』『英語会話ボキャブラリー』『大学入試・英語重点シリーズ③英熟語869』……小型ラジオが、残されている。（写真の辞書類はイメージです）

写真

高峰は写真を撮られるのが好きではなかった。最後まで女優という己の職業を好きになれなかったことと無関係ではない。目立つのが嫌い。人に見られるのが嫌い。ほっといて欲しい。女優としては致命的とも言える彼女の資質が、見る見られる目的しか持たぬ写真の被写体になることを、快く思えなかったのだろう。

概して女は、女優に限らず、カメラを向けられた途端、変わる。以前、職場で同僚と一緒にパチカメで撮られたことがある。もちろん私も作り笑顔をした。ところが出来上がってきた写真を見て、呆れた。私の隣に写っている同僚の女性が、足先を重ねて身体を斜めにして写っているではないか。しかも上目遣いの思いっきり媚《こ》びた表情をして。

お前はグラドルか！

カメラに向かってポーズをとる素人ほど見苦しいものはない。

つまりカメラを向けられた瞬間、全開するのだ、女の虚栄心が。

だが高峰は撮られることが仕事だった。ポーズはとらねばならない。

女優を撮らせたら天下一と言われた写真家の秋山庄太郎氏に取材した時、氏がこんなことを言った、

「女優さんの中で、高峰さんほど撮影時間が短かった人はいない。イヤなんだよね、つまり。早く帰りたいの（笑）。だからさっさと自分でポーズをとるんだよ。普通はカメラマンの僕らが『ああしてください』『こうして』と注文を出すんだけど、高峰さんは自分でポーズを決める。それがまたいいんだよ、口惜しいことに。あの人はどういうポーズをすると自分が生きるか知ってましたよ」

そして私はこんな経験をした。

もう十年以上も前だが、高峰が自宅近くを散歩するという設定で月刊誌のための撮影をしたことがある。

場所は坂道だった。時間は午後。天気は晴れ。

カメラマンの助手がレフ板（顔を明るくするため太陽光を反射させる板）を高峰の顔

の側に構えた。
私はカメラマンの少し後ろに立って見ていた。
助手がレフ板の位置を決めた時だった。前を向いたままの高峰が言った、
「もう三十度、下に傾けて」
え？　三十度？　そんな微妙な角度がわかるのか？　私は思った。
助手も驚いたように、反射板をやや傾けた。
「そう……もう少し傾けて」
高峰はこともなげに言いながら、さらに言ったことが、
「今、雲が来てるから」
雲？　こんなに晴れてるのに、どこに……。思わず私は空を見上げた。あ、と思った。
小さな雲が確かに近寄ってきていたのだ、高峰の頭上に。
だが高峰は一度も空を見ていない。
一体、どうしてわかったんだ。
この時ほど驚いたことはない。
高峰は、自分の顔に当たる光の強弱で雲の存在を知ったのだ。
五歳の時からカメラの前に立ってきた人だ。
たった一度だけ出た小学校一年の運動会で、徒競走の時、わざとビリを歩いた人だ。

観客達に「のろま！」「バカ！」と野次られても。

なぜそうしたか？

もし転んで顔に傷でも作ったら、膝小僧でもすりむいたら、今撮っている映画の編集が繋がらなくなる。

そう思ったからだ。

一本の映画を作るために働いている大勢のスタッフに迷惑をかけてはならない。映画を観に来てくれるお客さんはお金を払うのだ。そして自分は商品なのだ。

わずか六歳の子供が考えた。

初めて高峰からこの話を聞いた時、私は胸が痛かった。

好きになれない仕事でも、自分がやめたら養父母や親類が飢え死にする。どうせやめられないなら一所懸命やろう。だからグラビアの撮影もいかに短い時間で最良の結果を出せるか考えた。

「短い時間で」。これが、女優業が好きになれない己の、せめてもの意志の反映だったのだ。

そして十年、二十年……七十年、私が出逢った時の高峰は、もはや考える必要もなく、即座に最良のポーズをキメる人になっていた。

だから、私はつまらなかった。

それがパチカメであろうと携帯電話のカメラ機能であろうと、ひとたび向ければ、そこには〝隙のない〟高峰秀子がいた。

いくら親しくても、私は撮る時に一言ことわった、「かあちゃん、撮るよ」と。それが大女優だった人への礼儀だと思ったからだ。

その瞬間、変わった、高峰の顔が。

決して〝女優の顔〟ではなかったが、しかし0・何秒かの間に彼女は明らかに「松山秀子以外の者」に変貌した。

そしてレンズの前で、見事にキマった。

だから私はつまらなかった。

もっとポカンとした、隙だらけの〝かあちゃん〟の顔が撮りたかった。

だが、一度も叶えられなかった。

私は高峰のスナップを撮るたびに、可哀そうだと思った。

まるで〝パブロフの犬〟じゃないか。ここまであなたは、身体に沁《し》みついてしまうほど、好きでない己の職業に徹してきたのか。引退して四半世紀も経ってなお、重い職業病が癒《い》えぬほど、その仕事に全霊を尽くしてきたのか――。

立派すぎて、哀れだ。

だがカメラを向けられて、唯一、高峰が嬉しそうな顔をする時があった。

40代はじめ。たぶん女性誌のための撮影だったのだろう。これも高峰が決めたポーズなのか？　匂い立つような美しさだ。

夫と一緒に写る時だ。

それらの写真やスナップはどれも、女優時代の綺麗なグラビアとは違う、〝幸福〟という美しさに満ちた表情をしていた。

だが、それでも、それでもなお、やはり高峰の神経は、その白くて細い指の先の先までゆきとどいて、隙を見せなかった。

一流の畳職人の親指が石のように固くなるのと似て、染物師の爪が死ぬまで藍に染まって消えないのに似て、高峰秀子の顔は、レンズの前で完璧だった。

残された多くのスナップ写真を眺めながら、私は高峰に語りかける。

もういいんだよ、もう闘うようにレンズの前に立たなくても……。

ホノルルで日焼けした夫・松山と、私のカメラに収まる72歳の高峰。やはりキマっている。

アルバム

二十年前、初めて松山家に足を踏み入れた時、私が感じたこと。

まず、空気がきれい。

家というのは、どんな家でも何かしら匂いがするものだ。住んでいる人間は慣れっこになって気づかないが、訪問者は気がつく。

松山家には、その匂いというものが全くなかった。

玄関からカーブした広い階段を上って、畳にすれば三十畳分ほどの居間兼食堂に入った時、「何て清々《すがすが》しい空気だ」と私は驚き、思わず深呼吸したのを覚えている。

天井が高いことも要因だろうが、そうさせている一番の理由は、高峰が癇性《かんしょう》なほど清潔好きで、日頃から匂いに気をつけていること。さらに訪問客がある一時間前には全ての窓を開け放って室内の空気を入れ換えることにある。昔は、そうした上で、客が来る三十分前に香を焚《た》いていたそうだ。

次に、写真がない。

女優と呼ばれる人の家にはたいてい写真が飾ってある。それも若い頃の、本人が一番気に入っている写真。

以前、高峰と同時代の女優の家に行った時、ギョッとした。応接間に続く階段を上った正面に、デンとばかりに掛けてあったのだ。その人が二十代の頃の、いかにも女優らしくポーズをとった写真がパネルになって。そこを通らないと応接間に行かれないというのが、すごい。

自慢なのか自己顕示なのか、それを見たこちらは「お綺麗だったんですねぇ。いえ、今もお綺麗ですけど」以外に一体何を言えるというのか。たとえ内心で「何とまぁ、今のご本人と違うことか」と思ったとしても。

松山家にも、厳密に言えば、写真は飾って、というより置いてある。しかしそれはごく小さな写真で、例えば寝室の入り口の壁に掛けられている直径七、八センチの楕円形の額縁に入った松山と高峰の写真。あるいは、高峰の鏡台の側に掛けてある、これも小さな額縁に入った二人の着物姿の写真。松山の書斎の棚に置いてある二人の写真。ただしそれらは私が頻繁に夕飯に招んでもらうようになって、寝室の奥の洗面所を使わせてもらったり、家の中を駆け回るようになって初めて気づいたもので、一見の客としてソファに座っているのでは気づかないものだ。

つまり、誰かに見せるために置いたのではない。

そこに住む自分達夫婦のためだけに置いたものなのだ。

私が一番好きな写真は、二人が外国の骨董市で求めた中世の楽譜立てを飾り棚にして、そこにポツンと置かれている小さな写真だ。

それは高さ十センチほどの銅製のイーゼル型に置かれた、ウェディング写真である。緊張したボクちゃんみたいに初々《ういうい》しい松山と、その横で真っ白なウェディングドレスに身を包み微笑んでいる三十歳の高峰の写真は、見ているだけでこちらまで幸せな気持ちになる。

夕飯に招ばれるたびに、私はしげしげとその写真を眺めながら、「見て見て。若いねぇ、二人とも。それが今ではすっかり共白髪になりました」、そう言って食卓を振り返ると、松山は「フフン」と笑い、高峰は必ず「♪オジイさんとオバアさんが……」と節を付けて唄うのだ。

ないのは、〝女優の写真〟である。

恐らく数にして、五十年間の女優生活の中で数億枚は撮られたであろう高峰秀子のポートレイトは、一枚も飾られていない。

ちなみに「永遠の二枚目」と言われた長谷川一夫さんが七十六年の生涯で売ったブロマイドはおよそ六億枚だったそうだから、五歳から人気スターだった高峰秀子のブロマイドも、たぶんそう違わない数が世に出回ったと思われる。

前回も、高峰は写真を撮られるのが好きではないが、唯一、夫と一緒にカメラに収まるのは喜んだと書いたが、事実、部屋の中に置かれている写真は、全て、夫婦で写ったものだ。

高峰が一人で写った写真は一枚も飾られていない。

松山家の中には、高峰が女優だった名残は、何一つないのである。

だから、もし高峰が女優だったことを知らない人が訪れたら、単に清潔な、異常なほどに整理整頓された家としか思わないだろう。

本当は写真は山ほどあった。ブロマイドもスチール写真も、そして三百余本の出演作の台本も。

それらは全て、高峰が五十五歳で引退する時、川喜多財団に寄贈した。五歳のデビュー作「母」の台本は、まだ和綴《わと》じだったという。

「どこへ行ったんだ、アイツは?」と松山。「また見てるんですよ、あそこで……」、呆れたように高峰が応える。

「アイツ」とは私のことで、そのアイツは台所の向かいにある納戸兼書庫で、脚立にの

何を語り合っているのだろう……？　もはやそれを知ることはできないが、女優ではなく一人の女性として幸せに包まれていることが、高峰の表情から伝わる。

っかって、うっとりと眺めている。

それはアルバムである。

「善三秀子」。背表紙に高峰が直筆で書いたタイトルが付いている六冊のアルバム。

食卓の二人、庭でくつろぐ二人、国内を旅する二人、外国を旅する二人……。

私は松山家に来ると必ず一度は納戸に入り、書棚の一番上にあるそれらを引っ張り出して、脚立の上で飽かず眺めていたものだ。

旅先の林の中を浴衣姿で散策する二人。囁き合う声さえ聞こえてきそうな、寄り添う姿である。

「いいなぁ、仲良さそうで……」

脚立の私が呟くと、

「見つかるよ、君もそのうち、そんな相手が」

食卓から松山が言う。

ああ、それから二十年。全然、見つかってないんだけど……。

ま、そんなことはともかく。

遂に松山の叱責が飛ぶ、「こらッ。いつまで見てるんだ。せっかくかあちゃんが作ってくれた料理が冷めちゃうじゃないかッ」。

そして、

「明美ッ、早くご飯食べなさい」

その高峰の声は、もう二度と聞かれない。

だから私はただ眺めている、いつまでもいつまでも。

「善三 秀子」を。

松山家には、親族のアルバムは一冊もない。高峰にとって夫だけが唯一無二の家族だった。

シール

文章、絵、料理……もちろん本業である演技も、高峰はその名の通り、あらゆることに秀《ひい》でていた。

だが、機械には弱かった。

当然である。大正十三年生まれだ。

ある時、こんなことがあった。

二十年ほど前だったろうか、まだ私が松山家の離れではなく、近くのマンションに住んでいた頃だ。高峰がいちいち長々とした番号を押すのは面倒で時間がかかるから、私の携帯電話の番号を松山家のホームフォンの短縮ダイヤルに入力することになった。

私だっていきなりはできないので、ホームフォンの説明書を読みながら試みた。

ついでに言えば、高峰は家じゅうにある家電の説明書を全て、食器棚の一つの引き出しにきちんと保管しているから、必要な時にすぐ読めて、非常に便利だ。

さ、これでいいだろうと、「かあちゃん、そこ押してみて。私の携帯が鳴るはずだから」と高峰を促した。

が、一向に鳴らない。

「おかしいなぁ。これでいいはずなんだけど……」

私が再び説明書を読み始めたその時、高峰が思いがけぬ行動に出たのである。

ピッ、ピッ、ピッ、ピッ……。

何と、ホームフォンのあらゆるボタンを滅多やたらデタラメに押しているではないか。

それで言うことが、

「どっか押してたら、そのうちできるんだよ」

エーッ、信じられない。

思わず私は高峰を制して、

「かあちゃん、何してんの。そんなんでできるわけないいじゃない。電話が壊れちゃうよ」

原始人かよ。正直、私は呆れた。

が、同時に、ちょっと可愛いと思ったのも事実だ。

いつも冷静沈着で、ミスなど絶対と言っていいほどしない人が、子供みたいにメチャクチャに電話のボタンを押している――。

だから高峰の行為を制した時も、私は驚きながら笑っていた。

再度試みて、私の携帯電話の番号は、無事、松山家の高峰がいつも使う台所脇のカウンターに置かれた電話に短縮ダイヤルとして入力することができた。

リリリリーン。

短縮ダイヤルの「1」を押せば、それだけで私がどこにいても携帯に繋がることを確認した高峰は、おもむろに寝室に向かったかと思うと、その手に小さな紙片を持って戻ってきた。

見ると、光沢のある濃いピンク色をしたタテヨコ一センチ足らずのハート型のシールが無数に貼りつけられた紙だった。

高峰はそこからハートを一枚剝がすと、電話の短縮ダイヤル「1」の下に貼りつけた。

「これでよし」

そしていとも満足げに微笑んだのである。

それを見て、私は思った。そう言えば、同じ小さなハート型のシールが他にも貼られていたな。

食洗機とビデオデッキ。

食洗機は、スタートボタンの上に小さな光るピンク色のハート、同じものを「62℃で洗う」という表示ボタンの上にも、そして「停止」ボタンの上には、それらの倍はあるハート型のシールを。ビデオデッキには、「再生」ボタンの上に白く光るハート、「停止」ボタンの下に赤い大きなハートシールが貼られている。

つまり高峰は、テレビなどと違い自分にとって昔からの馴染みがない機械には、必要最小限度の操作をするために目印を付けていたのである。そしてどちらの機械も「停止」に大きなハートを貼っていることから、何か困ったことになったらとにかく機械を止めればいいのだと考えていたことがわかる。

ビデオが廃れてDVDが主流になった頃、私はDVDプレーヤーを設置することを提案した。

「テレビの周りが機械だらけになるからイヤ」

部屋の美観を大切にする高峰が最初は拒んだが、映画会社から送られてくる成瀬巳喜《みき》男《お》作品も木下惠介作品も、松山脚本の角川映画シリーズも全てDVDBOXだ。DVDプレーヤーがなければ観られない。

そこで私は小さな縦型の再生専用のプレーヤーを松山家の大型テレビの脇に設置した。その大きさなら高峰も何とか我慢できると言うので。

だがそのために、リモコンがこれまでのテレビ用とビデオ用に加え、DVD用が増えて計三つになった。

「使い方をわかりやすいように紙に書いておいてよ」

高峰に言われて、私は「ビデオを見たい時には」と「DVDを見たい時には」と題した二枚の手順書を書いた。「①観たい映画のDVDをケースから取り出す。その時に鏡面には触れないこと。②テレビのリモコンでチャンネルをビデオ2に合わせる。③……」と懇切丁寧に。

確か二回だった。私が目の前で教えると、以後、高峰は一人で上手に操作するようになった。

やはり呑みこみの早い人である。

高峰は、機械に弱かったのではない。嫌いだったのだ。使っても最小限度にとどめたいと。

私も嫌いだからその気持ちがわかる。今や仕事上、パソコンは私にとって不可欠になったが、使わなくて済むなら使いたくないと思っている。携帯電話など〝糸でんわ〟(若い人にはわからないだろうが)で十分だと思っている。

だが恐ろしいことは、社会と企業が新しい機械を人々が〝使わざるを得ない状況〟に追い込むことである。

そのために何が失われていくのか、機械を作る側は考えたことがあるのだろうか。

そして使う側の私達は、便利という名の悪魔に魂を売り飛ばしてしまったのではない

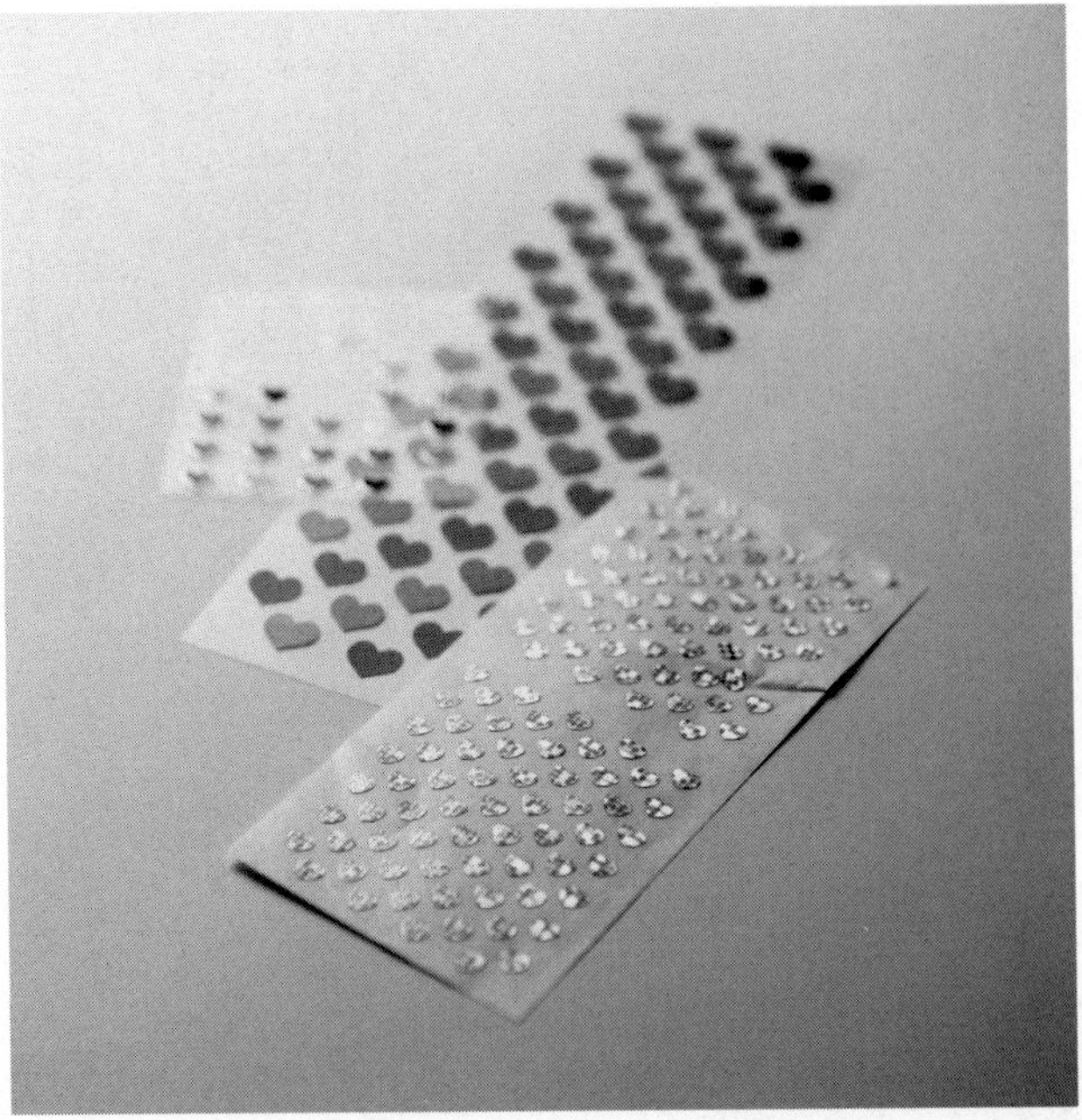

高峰は文房具店に行くのが好きだった。中でも銀座の伊東屋。このようなシールなどを求めたほか、封書や葉書に貼る自身の住所と名前のシール、松山の名刺も伊東屋で作っていた。

かと、少しでも危惧を抱いているのか。

高峰はパソコンとも携帯電話とも無縁だったが、我々が失ってしまった強い〝人間力〟を持っていた。

年寄りだったからではない。歳には無関係の、機械に〝使われない〟意志と理性を失わなかったのだ。

松山家の家電に小さなハート型のシールを見つけるたびに、私は、高峰秀子という人の生活への〝知恵〟を想う。

手作り　その1

二十年ほど前の、確か秋の初めだった。

寒がりの松山善三は世間の衣替えよりかなり早く、秋の気配を感じるや早々にセーターを着るのだが、白、クリーム色、黒、紺など、どれも地味な単色の、しかもタートルネックばかりで、柄物はない。

当時七十を過ぎても腹が出ず、スレンダーな体軀を保っていた松山に、タートルネックはよく似合っていた。

その日の夕方、書斎から下りてきた松山が珍しく水色のタートルネックセーターを着ていた。それも、目の覚めるようなスカイブルーの。

「とうちゃん、きれいな色のセーターだね」

思わず私は言った。

「うん」

松山はどうということもなさそうに応じると、食卓についた。

「私が染めたのよ」

するとと、出来たてのニラタマを入れた大皿を台所から運んできた高峰が言ったのだ、

「え、かあちゃんが？　セーターを？」

私は驚いた。

「ペリカンのブルーでね」

そして高峰も席についた。

「よくこんなにきれいに染まるね」

今度は感心した。

「簡単よ。これ、もとは白いカシミヤだったんだけど、古くなって黄ばんできたから、染めたの。うちにあったペリカンインクのブルーで」

「へぇ〜。すごいね」

私はただ感心して、今思えば、どのぐらいの量のインクをどのぐらいの量の水に溶かして染めたのかなど詳細を聞いておけばよかったのだが、それよりも高峰手作りのフワフワのニラタマが気になって、早くも大皿に添えてある取り箸に手を伸ばして、その話

題は終わった。

それから一年ほど経った、やはり夕食の時だった。

その日は、隣家のW夫人が加わった。

夫人は高峰より五歳年上で、高峰より数年前に他界されたが、若い頃は「深窓の令嬢」として週刊誌のグラビアを飾ったほどの美人で、私が知った頃でも、七十代半ばとはいえ、その辺でざらにはおめにかかれない、長身に白髪を結いあげた品の良い老婦人だった。

高峰は、その夫人が運転する車で、よく一緒に銀座に出かけたり麻布十番のスーパーに買い物に行ったりしていた。「親切が洋服を着たような女性」という表現で高峰の随筆の中にも登場している。

私が松山家に出入りするずっと前、つまり高峰と松山がもっと若く、自宅も来客を招くことができるような大きな構えだった頃、夫人は毎晩のように松山家を訪れては、三人で酒を楽しんでいたそうだ。

なので、その晩は久方ぶりの訪問だったわけで、夫人は庭続きの勝手口からいそいそと現れた。

「明美さん、こんばんは。これ、おもたせ」、そう言って食後のデザートにと、和菓子を持参してきたのを覚えている。

夫人は食卓の、私の横の席に腰掛けたが、椅子を引いた時、私はふと気づいて、尋ねた、

「おばさま、お膝がお悪いのですか？　サポーターをなさって……」

ワンピースを着た夫人は、よく陸上の選手がするようなサポーターを左膝に巻いていた。だがそれは白ではなかった。

「そうなの。私、上半身が重いから」

そう言って笑ったのち、

「これ、秀子さんが染めてくれたのよ。真っ白だと目立つからって、肌色に染めてくれたの。いつもは余所行《よそゆ》きの時にしかしないんだけど、今日は久しぶりのお招《よ》ばれだから」

夫人は嬉しそうに微笑んだ。

高峰は「そう」と言って、そのあとショウガで染めたと言ったのか、それとも他の物だったのか……いや、この時は高峰が作ってくれたみじん切りにしたショウガの炊き込みご飯が美味しかったからショウガで染めたと勘違いしたのかもしれない。いずれにしても、なぜもっとしっかり高峰に訊いておかなかったのか。家事や手仕事に興味を持たない自分を悔いる。

いつでも訊ける。そう思ってうかうかと過ごしていた歳月が惜しまれて仕方ない。

これら二つのエピソードは、その時点の私にとっては「へぇ～」と目を丸くしただけ

で終わった出来事だが、時が経つに従って、高峰のいない時間を一日、一か月、一年と生きていくうちに、なぜか繰り返し思い出されるのだ。

恐らくそれは、高峰秀子がどのように日常を暮らしていたか、何を思って日々を過ごしていたか、それを象徴する、一見些細な出来事と見えて、極めて重要なことだからではないかと、この頃になって思う。

そしてさらに、数珠《じゅず》が繋がるようにして、様々な高峰の姿が私の脳裏に浮かんでくるのだ。

ハワイの家で過ごしていた時、日本人の知人から「夕飯のおかずにどうぞ」と頂いた和え物に、調味料や香辛料を加えて、「味を直す」と、妙に真剣な顔をして言った高峰。

東京の自宅で、知人から送られてきた塩漬けワカメをきれいに水洗いしたあと、ベランダに向かった日当たりの良いフロアで、新聞紙の上にていねいに広げて干しワカメを作っていた高峰の小さな背中。

留守中は宅配便をW夫人に受け取ってもらう約束をして、配達のおニイさんがひと目でわかるように松山家と隣家の配置図にコメントを添えたカードを作り、郵便受けの内側の壁にくっつけたこれまた手作りの小さな紙箱に、印鑑と共にいつも入れていた高峰。

日常を生き生きと、そして丁寧に暮らしていた高峰の様々な姿が、映像となって鮮明に甦るのだ。

「亀の子束子一つ、私が嫌いな物はこの家には何一つありません」

そう言い切った言葉通り、高峰秀子という人は、自分が好まぬ物は一つたりとも家に入れず、少しでも自身の好みとズレるものがあれば、自ら手を加えて好むように作り直した。そしてそれらに囲まれて、穏やかに安らかに生きていた。

人は何が幸せか――。

金の多寡《たか》か、名声か、地位か。

いや、違う。

それを、高峰秀子は教えてくれた。

当時珍しかった電動の卓上ミシンを使う30代の高峰。ホノルルのかつての松山家に残されていたこのミシンは現在も当地の新松山家にある。50年も前のものなのに新品同様で、いかに高峰が大切に使っていたかわかる。

染める時にタグを取り外したのだろう、肩口に縫った跡が残る松山のセーター。高峰の夫への愛情が感じられる。

手作り　その2

今、この原稿をハワイで書いている。

高峰が死んでから、松山と一緒に何度もハワイに来た。「このままずっといたい」と言うほど松山がこの地を愛しているからだ。

空が広く、大好きな海が見えて、人が優しいからか。それとも亡き妻がこの地を愛していたからか。

高峰がハワイを愛した理由は明確だ。

〝松山秀子〟でいられるからである。

「電話もかかってこない、人も訪ねてこない。宅配便も来ない」と、自身の随筆にも書いている。

それら〝高峰秀子〟にまつわる全ての煩《わずら》わしさから解放されて、高峰は夫と二人、三十年以上、毎年夏と冬、それぞれ三か月近くをこのハワイで過ごしていた。

「あ、『松山秀子』って書いちゃった」

ある時、高峰が言った。

うっかりとは無縁だった彼女が、うっかり本名を書いた。

翌日帰国する私に、当時彼女を担当していた編集者への土産を託していた時だった。

その土産用のナッツの箱に、編集者と付き合っている「高峰秀子」ではなく、「松山秀子」と書いてしまったのだ。

それほど、ハワイは彼女に〝高峰秀子〟を忘れさせた。

そして事実、ハワイの家で暮らす高峰は、東京で暮らす彼女よりなお一層、心穏やかで幸せそうに、私には見えた。

東京の自宅ではあまり見せない姿も見せた。

例えば、針仕事。

「何してるの？」

私は訊いた。

さっきまで高峰は、松山が香港で誂《あつら》えた白いシャツの裾が長すぎるからと、十センチほど裾上げをしていたが、今度は安全カミソリを手に何やら始めている。

「ボタンを付け替えるの」

高峰は白いシャツにもとから付いていた白いボタンを全て、丁寧にカミソリを使って取り外していた。

そして食卓の上に置いた、様々な半端ボタンを入れた小箱から黒いボタンだけ選ぶと、数え始めた。

「全部同じ大きさのは揃わないから、袖口だけ小さいのにする」

そう言って、おはじきでもするように、同種の黒いボタンを六つ、それよりやや小さめの黒いボタンを二つ、自分の前に並べた。

「まだぁ？」

覗き込んで、松山が言う。

これから行くハワイ大学の図書館に、このシャツを着ていきたいのだ。

「まぁだ。ちょっと待ってて」

高峰が一心に針を動かす。

まるで母親と子供の会話だった。

「さ、着てみて」

なるほど、もとからあった白い平凡なボタンより、黒のほうが、しまって、素敵だ。

松山はご満悦で出かけていった。

料理でも衣服でも、自分が好むように作り直す。手間と時間をかけても、高峰はそうする人だった。

私が驚いたのは、ある有名な人形作家が高峰のために創って送ってくれた人形を〝作り変えた〟ことだ。

と言っても、高峰はその作家が好きだったから、加工したわけではない。その人形が止まっていた大きな木から人形だけ取り外して、作家が創った木を捨ててしまったのだ。

そして高さ二十センチほどのその人形が頃合いよく収まるドーム型のガラスケースを特注して、その中に入れてチェストの上に飾った。さらに言えば、庭で見つけたセミの抜け殻を二つ、人形の足元に置いた。

つまり何から何まで、自宅の中にある物にはすべて、高峰の神経が行き渡っていたのである。まるでそれが身体の一部でもあるかのように。

良いか悪いかは別として、高峰秀子はそうやって〝自分を取り戻して〟いたと思える。

あなたの家の中に、あるいは部屋の中に〝どうでもいい物〟はないだろうか？　あってもなくてもいいもの、そんな物はないだろうか？

私の周りはそんな物だらけだ。

いや、何も、気に入る物ばかりに囲まれて暮らせと強いるのではない。

ただ、コーヒーカップ一つ、椅子一脚、それが好きな物であれば、人は慈しむ。好きな人を大切にするように。

それはちょっと贅沢で、かなり幸せなことではないかと私は思うのだ。そう好きでもないが、ま、これにしておくか。ではなくて、好きな物に出逢うまで、買わない。待つ。

私は、自分にはできないそんなことができる人が、眩《まぶ》しい。

ましてやそこに面倒がらずに手を加えてお気に入りの物にすることは、不精な私などには、憧れだ。

日常生活などどうでもいい、それよりも素晴らしい映画を観て本を読むほうがよほど大事だ、と若い頃、私は信じていた。

高峰に出逢って、その考えが変わった。

起きて顔を洗い、歯を磨き、掃除をして、朝食を作り……入浴して夕食をとり、寝る。

一見ルーティーンと思えるそれらの行いこそが、人を作るのではないだろうか。

そこで使う他愛もない日常品が、その人の心を映すのではないか。

高峰が頑固なまでに日常生活を譲らず、料理から繕い物まで、自身の満足のいくように心を尽くしたのは、きっとその半生が、そうしたくてもできない歳月だったからだと思う。

養母が庭に造った、好きでもないバラのアーチの側でカメラに収まり、養母が従えた七人ものお手伝いさんがすること、作る料理に文句一つ言わず、そして何より決して好きになれなかった女優という生き物を独りで生き続けねばならなかったそれまでの三十年が、松山との結婚によって解き放たれ、ようやく自分らしい生活ができるようになったからではないだろうか。

ハワイに来るたび、微笑むように小さく針を動かしていた高峰の横顔を、思い出す。

東京の自宅で昔から愛用していた針箱。もう一つ同じ形の物と対になっている。小さな引き出しに納められた糸、針山に刺された針……。さっきまで高峰が使っていたような残り香がある。

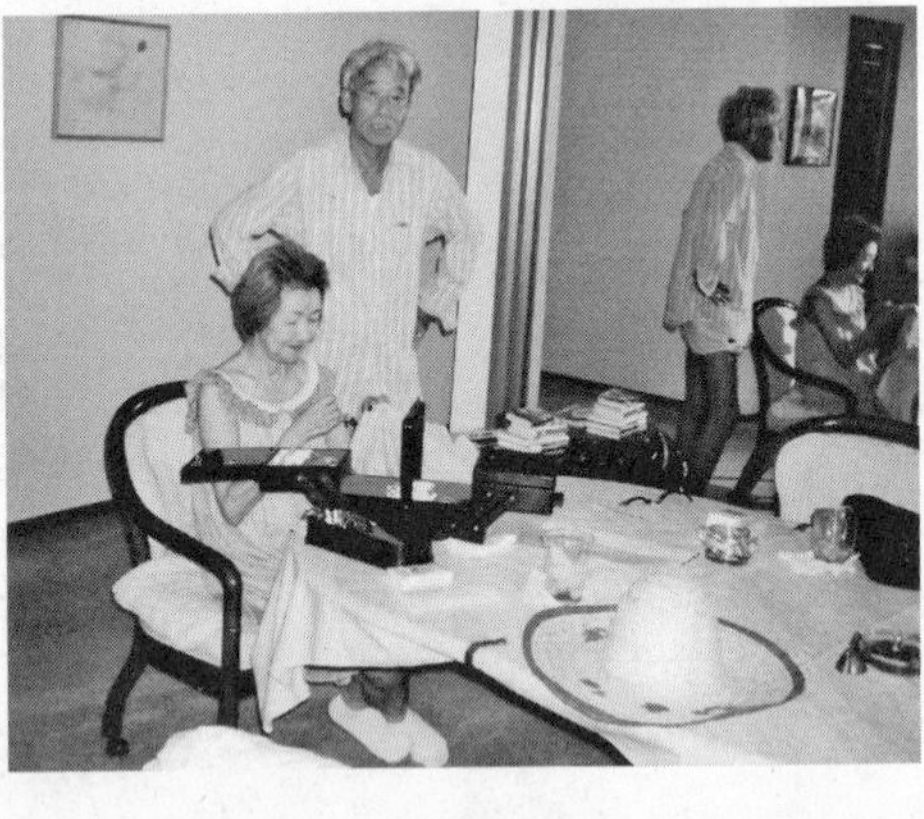

高峰がシャツのボタンを付け替えるのを待っている松山。まさにそのシーンを私が写した一葉。

趣味　その1

広辞苑による①と②ではなく、③の義「専門としてでなく、楽しみとしてする事柄」。

ある時、高峰がこんなことを言った。

「私に読書という趣味がなかったら、とうちゃん（松山）が書斎でずっと仕事をしてる間、ボンヤリ庭でも見てるしかなかったでしょうね。どうする？　ボーッと庭だけ見てて」

それは高峰自身、少し救われたような「よかったぁ」というような微笑む言い方だった。

確かに、読書は高峰の趣味だったと思う。

だが私から見ると、彼女の読書する姿には、先の「楽しみ」だけでなく、もっと他のもの、〝趣味〟という言葉が持つ長閑《のどか》な感じとは異なるものがあるように思えた。

高峰は本当によく本を読む人だった。

今でも私の網膜に強く印画されている高峰の映像は、流しの前で丁寧に菜っ葉を洗っているそのちょっと前かがみな背中と、そしてベッドに入って大きな枕を背もたれに黙々と本を読んでいる横顔である。

小説は読まなかった。

「自分が映画という〝ウソ〟の世界で仕事をしていたせいか、作り物は好きになれない」と言って。

ただ例外もあり、敬愛する司馬遼太郎氏の作品は小説も含めて全作を読んでいたし、その随筆が気に入った池波正太郎氏の『鬼平犯科帳』は、「試しに読んでみる」と一巻を読んだあと、「次も」「もっと買ってきて」と、一か月ほどで全二十四巻を読破してしまった。

私はいつも高峰が好みそうな随筆を書店やネットで探しては届けていたが、初めの頃にはベッドで本を読んでいる高峰に「かあちゃん、まるで赤ずきんちゃんのおばあさんだね」と笑っていたものだ。だが次第にそんな冗談を言う余裕がなくなった。その読み方が、まるで〝食う〟かのごとき、それがなくては飢え死にするのだといわんばかりの切迫感を感じさせたからだ。

「食うように本を読むね……」

私がポツリと言うと、高峰はニッコリ微笑み、以来、その言い方が気に入ったのか、自分でも「私は食うように読む」と言うようになった。

初めは一度に七、八冊運んでいた。

だが一週間もすると、「もう読むものがなくなっちゃった」、高峰は困ったような、ちょっと哀願するような顔で言った。

十冊運んだ。

七日目、「できるだけゆっくり読むようにしてるんだけど、あと一冊しかないの」。

その速度は明らかに、私が運ぶ速度を追い越していった。

随筆なら何でもいいというのではない。〝高峰が好みそうな〟、それが私の選択基準だった。まずは作家、そして内容。だが人一倍読むのが遅い私が自分で読んでみて買うなどということをしていたら、高峰は〝飢え死に〟してしまう。

帯や裏表紙に書かれている文言、目次、書き出し……何とかそれらをヒントに懸命に選んだ。

「私の好きなのばっかかりで嬉しい」

言われて嬉しかったが、すぐに足りなくなる。

やがて、「ん〜、これはかあちゃん向きじゃないかもしれないな」、そんなものも混ぜるようになった。

それでも足りない。

途中から、五冊買ったら三冊だけ与えた。そう、まさに〝与える〟という感じだった。食べ盛りの子猫にエサかなんぞを与えるように。

「もっとあるけど、今日は三冊だけね。あんまりあげると毒だから」

以来、私が「今日は二冊だけ」と言うと、高峰は自分から「毒だからね」と笑うようになった。

作品社の『日本の名随筆』百巻を読破し、同シリーズ別巻も私がネットで集める先から読んでいった。

遂に私は言った、「もうないよ。かあちゃん自分の書いた随筆読みなよ」。

あながち冗談ではなく、事実高峰の随筆は素晴らしいのだから、読者として読んでみたらどうかと思ったのだ。

だがもちろん、自作を読む人ではない。

私は、ベッドから動かず中毒のように本を貪り食う高峰がさすがに心配になり、違うことを言い始めた。

「そんなに毎日根を詰めて本ばかり読んでたら身体によくないよ。たまには家の周りを散歩するとか……」

「イヤです」

一蹴された。

「庭で花を植えてみるとか」

「この寒いのに？」

何も今日植えろと言ってるわけじゃなくて、一般論として……。

何を言っても高峰は本を放さなかった。

そして普段は無断で入ったりしない松山の書斎へトコトコと上っていって、太宰治や志賀直哉など、既に読んでいる古典を再読、再々読するようになった。

「よく飽きないねぇ」

呆れたように私が言うと、高峰は読んでいる本から目も上げずに、

「うん。飽きない」

そして別の時には、穏やかにこう言った、

「何か、得るものがある。難しくてよくわからない本もあるけど、それでも何か一つね、本を読むと必ず得るものがあるのよ」

やがて、私の中に一つの疑問が湧いた。

これは本当に趣味だろうか？

そしてある日、食卓で雑談をしていた時、私はいまさらのように訊いてみた、

結婚間もない頃、近所の書店で本を選ぶ二人。半世紀近く前には、まだ自宅のある麻布近辺にもこのような書店があった。学びたい、大切な人と共に人生を歩みたい。この無心な横顔は、まさに高峰が抱き続けた思いが叶った瞬間と言える。

「かあちゃんはどうしてそんなに本を読むの？」

即答した、

「劣等感ですね」

あッ、と思った。

その時の高峰の目。

どこか寂しそうで、それでいて思いきって恥ずかしい気持ちを吐き出したような、強い目……。

小学校に行けず、独りで絵本を見ながら、「象の絵の側に『ゾウ』と書いてあれば、『ゾ』は『ぞ』と読んで『ウ』は『う』と読む……」。そうやって、たった独りで読み書きを覚えていた七歳の少女の、それはあまりに哀しい目だった。

私は高峰を抱きしめてやりたかった。

趣味　その2

前回取り上げた「読書」は、確かに高峰の趣味だ。

だが考えてみると、高峰にはもう一つ、かけがえのない〝趣味〟があった。

高峰の夫・松山善三は脚本家だ。外で酒を飲むこともなく、ゴルフも麻雀もパチンコもせず、もちろん競馬競輪の類には手を染めたこともない。ひたすら仕事に励み、映画をはじめ、テレビ、舞台など、書き上げた作品は千本を超える。

そんな松山を評して、高峰が言ったことがある、

「とうちゃんは、趣味、仕事」

その時、高峰の言う「趣味」とは広辞苑の①～③の義に入らない、「生きがい」だと、私は解釈した。

それなら、同じ意味で、高峰にももう一つ、大事な〝趣味〟があった。夫である。

たとえば高峰が針仕事をする。

シャツの裾上げ、ボタン付け、下着のほころびを繕う……。

それらは全て、松山が身につける物だ。

高峰が料理を作る。

サラダなら、サニーレタスもトマトもキュウリも、全部小さくちぎり、刻む。カレーライスなら、ジャガイモやニンジンをサイコロ大に切る。

大口を開けて食べない夫のためだ。

何しろ松山は、昔、二人でアメリカに行った時、ハンバーガーにかじりついて、顎を外してしまい、急遽帰国したことがあるくらいだから。

そして高峰は、梅干し、お新香、味噌を決して食卓に出さない。

夫がそれらを嫌いだから。

夜、自動的に点灯する門灯の他に、玄関の内や階段脇にも灯りを点ける。

「とうちゃんが帰ってきた時、暗いと可哀相でしょ」

高峰は、その結婚生活において、全てを夫優先、夫中心に送ってきたと、私は思う。

結婚後、自らの映画出演をどんどん減らしていったことが、その最たる証しである。

十数年前のある午後、電話で高峰がこんなことを言った、

「今日はとうちゃんが打ち合わせの相手とお昼を外で食べてくるって言うから、私は一人で即席ラーメンを作って食べたの」

まず高峰が即席ラーメンを食べたことに私は驚いた。

「即席ラーメンなんてうちに置いてたの？」

「うん。置いてあるよ」

高峰はこともなげに応えた。

松山は決して〝即席もの〟を食べないから、おそらく高峰は、先のような状況に備えて自分が食べるために持っていたのだ。

だが続けて言った高峰の言葉には、さらにのけぞるほど驚いた。

「面倒臭いから、鍋から直接食べたら、唇、火傷《やけど》しそうになっちゃった」

鍋から直接……。

「かあちゃん、そんなことするの？」

私はかろうじて、それだけ言った。

「私は本来ものぐさなの。とうちゃんがいなかったら、紙のお皿とコップで食事してると思うよ」

そう、ケロケロと応えたのである。

高峰秀子のライフスタイルやその素敵な器に憧れている人が聞いたら、さぞガッカリするだろう。

が、私はガッカリしなかった。

すごいと思った。

高峰を亡くして、時間が経てば経つほど、その気持ちは強くなる。

なぜなら、朝昼晩の食事の支度を、松山には本当に申し訳ないが、私は何度も「面倒臭い」と思ったからだ。

もちろん私が長年、気ままな独り暮らしをしてきたせいもある。曲がりなりにも物を書くという仕事を抱えているせいもある。

それでも、高峰のことを想うと、三度三度の食事の支度を「面倒臭い」と思う以上に、「かあちゃんは偉かったなぁ」と、心底痛感するのだ。

疲れている時もあっただろう、体調がすぐれない時もあったはずだ。

だが高峰は八十六歳で逝くまで、病院に運ばれるその間際まで、台所に立って食事の支度をしていた。

店屋物をとるわけでも、出来合いの総菜を買ってくるわけでもなく、一つ一つ自身の手で作っていた。

しかも「本来はものぐさ」だと自分自身で認めている人が。

食卓につく位置は、必ず高峰が台所に近い席。ベッドの位置は、日本でもハワイの家でも、寝室のドアに近いほうが高峰のベッドだった。

何事にも、高峰は夫を優先した。

それは、時に迷惑さえ起こすほど。

高峰の写真集を作った時のことだ。

編集者と私と三人で打ち合わせをした折、編集者が構成についてA案とB案を提示して、「僕はAがいいと思いますが」と言った。私も賛成した。

ところが、意外にも高峰が、「私はBがいいと思う」と言ったのだ。

「え⁉」、思わず編集者が声を上げた。「Aのほうがいいと思うけど……」、私も続けた。

「いいえ、Bです」

高峰はきっぱりと言い切った。

なのでB案に決まった。

帰りのタクシーの中でも確認したが、高峰はやはりBを推し続けた。

帰宅して夕食。

松山が書斎から下りてきた。

「今日、打ち合わせをしてね。こういうA案とB案というのが出て……」

私が言い終わらぬうちに、松山が言った、

二人が30代半ばの頃。夕食の支度をする高峰と、食前酒を飲む松山。この頃から松山は脚本家として頭角を現し、高峰はそれを見届けるように自身の映画出演を減らしていく。それにしても、高峰の何と幸せそうな笑顔か！

「そりゃ、Aだろう」

やっぱりと私が言う間もなく、そこへ出来たてのニラタマを運んできた高峰が間髪を入れず、しかもニッコリ微笑んで、言ったのだ、

「そうよね、私もそう思ったの」

ドッヒャ〜〜！

吉本新喜劇なら、舞台上の出演者全員がコケるところだ。

「だ、だって、さっき、かあちゃんは……」

あまりのことに私がアワアワしていると、

「さ、冷めないうちに食べなさい。ニラタマ、おいしいどぉ」

高峰はシラっとしている。

そして二時間前の高峰の発言は、なかったことになったのである。

高峰秀子は何事にも夫を優先する。そのためには周りを踏み倒してでも。

私はこのエピソードが好きだ。

こうして書くたび、話すたび、高峰のあの顔が浮かぶ。

大女優ではない、それは心から夫を愛する平凡な妻の顔だった。

予定

七十六歳の時、高峰はある作家と対談して、こんなやりとりをした。

その作家は、自分は先々まで予定を立てるのを好まず、せいぜい立てても一か月先まで、その後はいつでもフリーな状態にしておきたいと語り、そして「高峰さんもそうじゃないですか？」と訊いた。

すると高峰は即答した、

「いいえ、私は人生、予定通りです」

作家はひどく驚いた様子だった。

対談をまとめるために同席していた私も同じく驚いた。

高峰は続けた、

「三十歳まで女優をして、三十歳になってめぼしい人がいたら結婚する。そしてその後の三十年はその人に尽くして、六十歳でまだ自分が元気だったら、その時は自分のために時間を使いたい、読書三昧したい。その通りになりました」

作家は思わず、「ワァ、それは意外だッ」と言った。

私も、心底意外だった。

その作家が何を理由に驚いたのか安直に憶測することはできないが、私自身が驚いたのは、独身時代の高峰は自分で予定を立てることなど不可能な境遇に置かれていたためと、そして性格的に、何事にも縛られない、自由を好む人だから、人生の予定など立ててはいなかったろうと考えていたからだ。

しかし高峰は「人生、予定通りです」と明言した。

五歳で映画の子役になった時も、自分の意志ではなく、大人達の都合だった。小学校さえ満足に通えなかったのも、自分の稼ぎにぶら下がる十数人の親類縁者がいたためであり、高峰の意志は一切無視された。女優をやめたいと何度思っても、やめられない境遇に置かれ続けた。

そんな中でどうやって人生の予定を立てると言うのか。

第一、「三十歳でめぼしい人」がいなかったらどうするつもりだったのだ。

私は対談に立ち会った当時は、高峰の意外な返答にただ驚き、予定通りいかない確率のほうが高かったじゃないかと、まるで高峰が無謀な賭けでもしたかのように感じていたが、その後、時間が経つにつれて、この対談を思い出すたびに、ある違和感を覚えるようになった。

それは、「予定」という言葉に、である。

対談相手が言った「予定」と、高峰の言う「予定」は、果たして同じ意味だったのか――。

つまり対談相手の作家は、「スケジュール」に近い意味で「予定」という言葉を使い、私達の多くもその傾向にある。

だが、高峰のそれは、少し違っていたのではないか、と感じ始めたのである。

そこで広辞苑を引いてみた。

まず「スケジュール」。

〈時間割。日程表。競技順序。予定表〉

なるほど。

では「予定」はどうか。

「あッ」と思った。

〈あらかじめ定めること。前もって見込みをつけること。また、その見込み〉

見込み――。

普段、私達の中に「予定」をこのように解釈している人間がどれだけいるだろう？　少なくとも私は「予定」を「予定表」、即ち「スケジュール」と同義ぐらいに考えていた。

高峰が対談で言った「予定」とは、広辞苑にある正しい意味、「見込み」だったのだ。私が「スケジュール」と「予定」との間に一番強く感じた違いは、前者は受動的だが、後者は能動的、ということだ。

もちろん「スケジュール」だって最後は自分で決めるのだから、全部が全部受動的というのではない。しかしスケジュールを決める場合、多くは必ずと言っていいほど〝相手〟が存在する。仕事相手、デートの相手、などなど。

それに対して、「予定」は「見込みを立てる」という、極めて個人の内的な考えに基づいている。相手や状況より、己自身が先のことをどう考えているのか、という〝思考〟。

ここまで考えた時点で、私はようやく高峰の言葉が理解できた。

彼女の「予定」は決して無謀な賭けなどではなかったのだ。

傍から見れば、あらゆるものにがんじがらめにされて、とても先の予定など立てられそうもない状況に置かれながら、高峰は独り、心の中で「見込み」をつけていた。この先、自分はどうしたいか、どんな人生を送りたいのか、それを実現するには今何をすべきか。

そして不自由な境遇の中で能動的に生きた。

そのためには、揺るぎない自分が不可欠だ。誰に何と言われようと、環境がどうあろうと、自分の心が何を望むのか。

翻弄されない冷静さが必要だ。

その意味で、高峰の「予定」は「夢」のほうに近い。広辞苑の「夢」の義、最後の④〈将来実現したい願い。理想〉。

高峰の「予定」とは、「理想」だったのである。

簡単に手帳に書き込めて、簡単に消せる「スケジュール」とは違う、終生希求し続ける「理想」。

それを実現したと、高峰は言ったのだ。

今でも、松山家には、大きな予定表がある。

高峰が常に文机に置いて、予定を書き入れていたカレンダー。

時には、松山が自分の予定を高峰に知らせるために書き入れた。

松山はそれを時々間違えた。

横浜で会議がある日を一か月間違えて、運転手さんと中華街で昼食だけとって帰ってきたことが何度かある。

「とうちゃんはまたTさんと横浜までわざわざお昼を食べにいったのよ」。悪戯《いたずら》っぽい笑顔で、高峰が私に言ったことを覚えている。

だが高峰は予定表の予定を、一度も違《たが》えたことがない。

決める時の慎重さ、決めたあとの確認、さらに前日の相手への念押し。

極めて几帳面、かつ正確な人だった。

高峰は、スケジュール表もまた、変更したことはなかった。

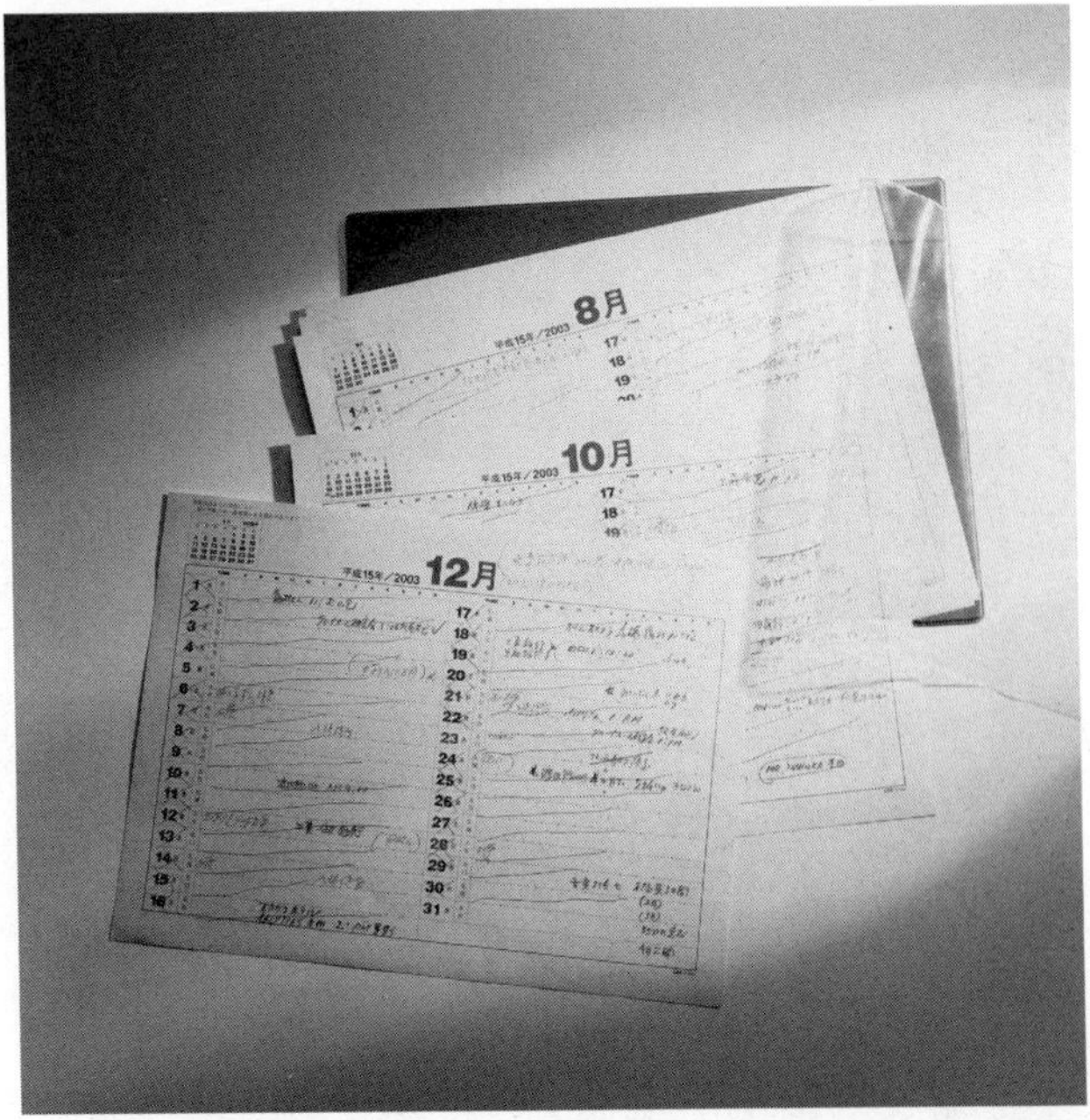

高峰が文机の上に置いて予定を書き入れていたカレンダー。既に執筆活動をやめていたこの2003年用には、高峰の外出予定は皆無に近く、松山が鉛筆で書き入れた自身の予定が殆ど。土曜日の「柿の葉ずし、明美」が悲しいほどに懐かしい。

ハワイ　その1

高峰は外出嫌いだったが、海外にはかなり出かけている。

だがどれも遊び目的の旅ではなく仕事がらみ、映画祭への出席や出版社からの依頼、夫の仕事の取材に同行するためだった。

アメリカ、カナダ、ヨーロッパ、中国、インド、中東……、世界各地を旅したが、中でも高峰に所縁《ゆかり》の深い都市は、パリとホノルルだろう。

どちらも高峰の人生に大きな影響を与えている。

二十七歳の時、初めて高峰は国外に出た。カンヌ国際映画祭に出席するよう要請されたことを〝口実〟に、パリに半年滞在したのである。

この旅は高峰自身がそう称したように、事実、それは「逃亡」だった。

二十年を超えた、やめたくてもやめられない職業、女優業、長きにわたる養母との確執、清算したい人間関係……それら、自身をがんじがらめにしている縄目から逃れたかったのだ。

高峰は窒息寸前の己をどうにかして息づかせ、どうにかして〝自分〟を取り戻そうと、生涯でただ一度、必死の思いを具現化したことが、その著書にも窺える。

そして五歳の時から望み続けた〝普通の生活〟、誰にも振り返られず、その名を囁かれることなく道を歩き、店に入り、独りでぼんやりすることができる時間を、遠い未知の町でようやく手に入れたのである。

「この寂しさがいつか、楽しい思い出になる」、『巴里ひとりある記』や『つづりかた巴里』、また『わたしの渡世日記』にもその思いを綴り、結婚後、愛する伴侶と再びパリを訪れて実際に「楽しい思い出」とした高峰にとって、パリは、おおげさでなく、生き死にの境となった都市だった。

もしあのパリでの半年がなければ、高峰は大女優として映画史に名を刻むこともなく、もちろん人としての幸せも経験することなく生涯を終えていただろう。

著書『いっぴきの虫』の中に「私はパリで結婚を拾った」と記していることからも、パリでの半年が高峰に厭世《えんせい》ではなく、蘇生と、さらにはそれまでとは違う方向に向かって進む、いわば健全さを与えたことは明らかだ。

それほど二十七歳のパリは、高峰の人生を救った。

その帰り、乗り換えのために一時間だけ立ち寄った都市——。

それがハワイのホノルルだった。

まさかその時には、まだ見ぬ夫と二人、家まで構えて三十余年もの間、日本と往復する町になるとは、夢にも思わなかったはずだ。

生き死にを決したパリに比して、ホノルルは、高峰に〝安息〟を与えた場所である。

私は高峰の最晩年とも言える七十二歳から、そのコンドミニアムをたたむ七十六歳の時まで、ホノルルの松山家を年に二度訪れて、一週間足らずずつだったが、夫妻の生活に混ぜてもらった。

パリには、学生時代も含めて短い期間とはいえ、私は三度行ったことがある。美しく気高いその町は、町そのものが芸術であり、目を見張った。だが正直、田舎者の私には、どこか敷居が高かった。

しかしホノルルは、違った。

田舎者の私でも臆せず暮らしてゆける寛容さに満ちて、〝よそ者〟を許してくれる慈愛を感じるのだ。

もちろん高峰は田舎者でもなくダサくもないから、私が感じた安心とは種類が違うだろう。

だが、日本からの距離の差を除いても、高峰がパリではなく、ホノルルに〝安息〟を得た理由は、私のそれと全く無関係でもないはずだ。

ホノルルはパリと変わらぬほど物価が高い。特に土地の値段、部屋代は、現地に住む人が嘆くほどだ。

それでもハワイが「世界の楽園」と呼ばれるのは、一年を通して気候が爽やかなこともさることながら、一番の理由は、何よりも人が優しいことだと、私は思う。

パリの町で見知らぬ人とすれ違って笑顔を交わすことは、まずないが、ホノルルでは、それがある。

パリもホノルルも観光の町だが、外の人間に対して、パリは斜に構えて「来たきゃ、来てもいいよ」と呟き、ホノルルは両手を広げて「どうぞ来てください」と言う。少なくともそんな違いを感じる。

その素地の違いがあった上で、高峰は理想郷を実現したと思うのだ。

彼女の理想、即ち〝静かな生活〟。

曰く「電話も来客もない。宅配便も来ない」毎日。そしていつも傍に夫がいる生活。

日本でも夫は側にいるが、静かな生活はとても望めなかった。

冷淡、不義理と誹《そし》られるほど人間関係を断ち切り、隠遁、世捨て人と噂されるほど世間から姿を消して、ようやく最後の二年ほど、高峰は東京で本当の静かな生活を得た。

そんなに人を避けなくてもいいじゃないか、ちょっとぐらい取材を受けろよ、そう人は言うかもしれない。

だがそう言う人は、高峰の人生を知らない。「高峰秀子」という望まぬ存在を八十年以上背負ってきた人間の苦悩を知らない。

そして、高峰の考え方を知らない。

人は何を幸福と考えるか。

それは人それぞれであり、他者に迷惑をかけない限り、自分にとっての幸せを希求する権利がある。

その権利を奪われた高峰の半生を知った上でもまだ、「不義理」「人嫌い」と誇ることができるのだろうか。

ハワイもまた最初は、高峰にとっては、パリに似た〝避難場所〟だったと思う。

それが〝生活する場所〟になり、遂には永眠する場所になったことに、高峰がどれほどハワイを愛していたかが表れている。

二十年前、松山が私に言った、

「僕が死んだら、高峰はハワイに行く。そして死ぬまでハワイにいる。その時は頼むよ」

だが、高峰が先に死んだ。

だから松山と私は、頻繁にハワイに行く。

1960年代初め、日系人が経営するホノルル市内の食料品店で。この頃、松山と高峰はホノルルに家を持ち、やがて毎夏冬をこの地で過ごすようになる。二人のハワイに対する研究と敬意は共著『旅は道づれアロハ・オエ』に詳しい。

今も、ハワイに行く直前だ。
ハワイは、私にとって、高峰そのものだ。
私は、高峰に会いに行く。

ハワイ その2

高峰と松山が長年住んでいたハワイの家は、ホノルルの市街地に建つコンドミニアムの2LDKだった。

四十代半ばで購入しているが、初めて下見に行った時、ラナイの向こうに広がるアラモアナ・パークの緑と真っ青な海を見て、部屋に入るなり、高峰は言ったそうだ、

「買った」

二十六歳の時、独身だった高峰は映画五本分のギャラを前借りして一人で麻布の洋館を訪れ、風呂敷に包んだ現ナマ、当時の五百万円を渡して現在の土地を購入したという。

高峰からその話を聞いた時にも私は驚いたが、ハワイの家を即決したこのくだりにも、度胆《どぎも》を抜かれた。

私は思わず、訊いたものだ、

「中の様子も見ないで買って、もし具合が悪い所があったらとは思わなかったの？ どこかが傷んでるとか、水漏れがするとか……」

高峰はあっさり答えた、

「そんなもの、後から直せばいい」

無謀なのか大胆なのか……。

しかし高峰はそういう人だった。

いいと思ったら一発で決める。

そんな風にして手に入れたホノルルの家で、高峰は七十代半ばまで、夫の仕事に支障がない限り毎夏冬を三か月ずつ過ごした。

「店開きに一週間はかかるの」

高峰が言う「店開き」とは、数か月ぶりに訪れた家でつつがない生活を始めるまでの準備である。

掃除、食糧の買い出し、時には不在の間に生じた不具合の修理など。

今の私にはその大変さがイヤというほどわかる。二人が住んだコンドミニアムとは比べものにならぬほど小さな部屋だが、「店開き」にヘトヘトになるのだから、華奢な体躯で、しかも七十を過ぎてからの高峰はどれほどしんどかったことかと。

だがそれでも、普段から〝浮き浮き〟などには無縁だった高峰が、ハワイに発つ日が近づくにつれて心なしか嬉しそうになった。

この人をこれほど喜ばせるハワイの生活とは一体？

ホノルルの二人を訪ねる前まで、私はよほど特別な、東京の生活にはない秘密がかの地にはあるに違いないと思っていた。

ところが、である。

高峰がある作家と雑誌で対談した時、こんなやりとりをした。

「僕は世界中でハワイが一番好きです。高峰さんもそうじゃないですか？　だから年に二度も行くんでしょう？」

「まぁ、そうですね」

思いの外、歯切れが悪い。

「僕がハワイで暮らすなら、午前中は図書館で勉強して、午後はどこか美味しい店を見つけてゆっくり食事をする。そして夕方になると浜辺を散歩するんです。高峰さんもよく浜辺を歩くでしょう？」

「いいえ」

今度はきっぱり。

「え⁉　歩かない、浜辺を？」

「歩きません」

再び即答。

「浜辺に行かないんですか？　ハワイにいるのに？」

「行きませんね」

取りつく島もない。

別にその作家を嫌っているのではない。高峰はその作家が大好きだ。だが文章にも発言にも婉曲や修飾というものをしない人だから、要点のみ答えて、こんなことになる。

やや拍子抜けした作家は訊いた。

「じゃ、何してるんですか？　ハワイで。三か月も」

高峰の答え、

「ご飯作って、本読んでます」

作家は思わず吹き出した。

「それって、東京と同じじゃないですか」

「そうです」

そうなのだ、本当に。

晩年の二人と何度かハワイで一緒に過ごさせてもらって私は知った。

朝起きて身支度をすると、カフェオレを作る。午前中、松山は銀行や図書館へ。高峰は掃除や買い物。その後二人は待ち合わせて外で昼食をとり、帰宅すると松山は書斎で脚本を書き、高峰は居間のソファに横になって本を読む。陽が傾き始める頃、松山はやおらTシャツに着替えて、アラモアナ・パーク一周のジョギングに出かけ、高峰は夕食の支度。松山が帰宅すると、台所からは美味しい匂いが漂っている。やがて食卓を囲んだ二人はグラスを傾け、静かに語り合いながらゆっくりと夕食をとる。そして寝る。

「♪おジイさんは公園へジョギングに、おバアさんは台所でメシ作り」

私はいつもデタラメな替え歌を唄って、二人を笑わせたものだ。

つまり、何もしないのだ、ハワイで、高峰は。

正確には〝何もしない〟わけではないが、しかし松山のように原稿を書くでも、人と打ち合わせをするでもなく、殆ど家にいて、せいぜい近くのアラモアナ・ショッピングセンターへトコトコ歩いていって、お気に入りの食料品店「フードランド」で野菜や魚を買うぐらいだ。

外で働き、物を生産するだけが、〝何かをする〟ことだろうか？　それが豊かということなのか？

この頃、よく私はそう思う。

五歳の時から何かをし過ぎた高峰の八十六年の人生で、最後にやっと訪れた〝何もしない〟生活――。

30年以上、毎夏冬を過ごしたハワイの家を処分したのは、高峰が76歳の時。何事も、広げるより閉じるほうが難しい。それをきれいに〝店じまい〟したのは、いかにも高峰らしい。

その豊かさを、私は高峰を見ていて感じた。

二〇一四年八月七日、ワイキキ・プリンスホテルで、ある式典が行われた。日系四世の青年と、同行した母親が深々と車椅子の松山に頭を下げてくれた。

八年前、ハワイの家を処分した高峰と松山が一億円を寄付して、ハワイ生まれの日系人を優先するという条項を付けた奨学金基金を設立していたのだ。

この五月、初めてその全貌を知り、松山が元気なうちに授与式に出席させてやりたいと私は思った。

奨学金を受けた青年もその母親も、高峰と松山が何者なのか全く知らなかった。ただ三十人目の奨学生として「あなたが設立してくれた奨学金のおかげで僕はあと一年で歯科医になれます」と喜んでくれた。

本当の豊かさを与えてくれたハワイへの、せめてもの、高峰の感謝の印だったのかもしれない。

アラモアナ・パークでのツーショット。それにしても、高峰の立ち姿は美しい。

電話　その1

当然ながら、人のあらゆる行動にはその人の性格や人間性が表れる。

歩き方、座り方、寝方、喋り方、笑い方、食べ方……。

だから、たかが電話ではなく、電話の仕方一つにもその人がまるごと表れてしまうのだ。

高峰は基本的に、電話をかけない人だった。

「電話では気持ちは伝わらないよ。気持ちを伝えたいなら手紙だ」

いつか松山が言ったが、高峰も同じ考えだった。というより、高峰は自分の気持ちをあえて人に伝えようとは、していなかったようだ。

以心伝心、言わずもがなで成り立つ関係こそ本当の人間関係なのだと思っていた節がある。

だから日常の会話でも、高峰が話すことはごく具体的なことで、抽象的な精神論や人生論など語らなかった。夫の松山との間でも、「愛している」だの「好き」だの、その類の言葉は恐らく一度も発したことがないはずだ。

しかし六十年近く、二人は互いを敬い、愛し、信頼していたことが、傍にいて私にはよくわかった。

ましてや電話である。

殆どがかかってきた電話を受けるだけで、かけることは稀だった。

かけるのは、親しくしていた隣家の夫人と買い物や美容院に行く約束をするくらいで、それも用件のみだから、一分と喋らなかった。

受ける場合も短く、出版社や新聞社から原稿依頼の電話があった時など、私は傍で見ていて思わず笑ってしまった。

相手が何か言う。

「いいえ」

相手が何か言う。

「ダメです」

相手が何か言う。

「お断りします」

高峰が発したのは三言だけだった。

よくもまぁ、これで済ませるものだと、私は笑いながら殆ど恐怖したものだが、しかし高峰はそれでよしとしていた。

普通なら、断るにしても相手に悪い印象を与えないようやんわりと、あるいは即答を避けるとか。だって評判が命の女優業なのだから。

だが修飾も婉曲も嫌いな気性で、極端に言えば人にどう思われようとかまわないという、女優にあるまじき人なので、先のような返答になってしまうのだ。その上、原稿依頼は受けたくないという気持ちが根にあるから、なおさらである。

それより、初めて原稿依頼をするのに、いきなり電話でという先方のほうがどうかと思う。

だから連載をしている時も、安直に電話をかけてくる編集者を嫌った。

「あの人は、大事な用件は手紙で。他の用事はその都度きちんとファクシミリで連絡してくる。電話なんかしてこない」

これは、ある優秀な編集者を高峰が褒めた時の言葉である。

つまり、手紙とファクシミリは認めても、電話は認めなかった。

なぜそれほど高峰は電話というものを嫌ったのか。

理由は一つ。

「人の時間を奪うことは罪悪です」

いつか高峰が言った言葉で明白だ。

手紙やファクシミリは、それを読むか読まぬか、いつ読むか、受ける側に〝選択権〟がある。

だが電話には、ない。

ひとたび鳴れば、かけられたほうは、食事をしていようとトイレに入っていようと、取らざるを得ない。「○○さんじゃないかしら」「急な用事じゃないかしら」と様々な推測が浮かんで、電話に出るまでその正体がわからないのだ。

考えてみれば、極めて一方的で、迷惑な通信手段である。

高峰は何が嫌いと言って、人に迷惑をかけるほど嫌いなことはなかった。

「安野（光雅画伯）先生、お元気かしら……」

ある日、独り言のように高峰が呟いたので、私は言った、

「電話してみれば？　お元気ですかって」

「いいえ」

高峰は言下に否定した。

そして言った、

「お忙しい安野先生のお邪魔をしちゃいけないわ」

「そうだけど、かあちゃんからの電話なら安野先生、すごく喜ぶと思うけど……」

そう私は言ったが、やはり高峰は頑として電話しなかった。

安野画伯だけでなく、敬愛してやまなかった作家の司馬遼太郎氏をはじめ、自分の心にある全ての方に、高峰は決して自分のほうから電話はしなかった。

黙って、人を想う人だった。

だがその高峰が、唯一喜ぶ電話があった。

夫からの電話である。

「とうちゃんは電話魔だからね」

私に悪戯っぽい笑顔を見せて高峰は言ったが、私から言わせれば、いや、松山が言ったのかな、「そう躾《しつ》けられたんだよ」。

松山は仕事の打ち合わせなどで外出すると、そこを辞する前に必ず電話していた、「今から帰るよ」と。

一度、用事があって松山と私が一緒に出掛けた時、帰り際、松山が私にテレホンカード（当時はまだ携帯電話が普及していなかった）を渡しながら言ったものだ、「今から帰るって、かあちゃんに電話して」。

もちろん「躾けられた」こともあるだろうが、松山は高峰のことを思いやっていたの

40代の頃、東京・日比谷で営んでいた骨董店『ピッコロモンド』で店番をする高峰。この頃もさぞや電話も接客もテキパキとしていたことだろう。ただし、あまり愛想は良くなかったかもしれないが。

だ。

夕食を一番美味しい状態でいつも自分に供してくれる妻に、いつ作り始めたらジャストタイミングの料理ができるか、妻が計れるように。

それほど心を砕いて高峰が自分のために食事を作ってくれていることを承知していたからである。

人に迷惑をかけたくない、だらしないことが嫌い、冗漫が嫌い。

だから高峰の電話は極めて短かった。

潔い人は電話が短い。

あ、急に耳鳴りが……。私は電話が長い。この場をお借りしてご迷惑をかけた方々に深くお詫びします。

が、そんな高峰にも例外はあった。

次回は、高峰からもらった、ちょっと、いや、かなり変な電話をご紹介しよう。

電話　その2

高峰からのその電話はあまりに変だったので、今でも忘れられない。

まだ知り合って間もない、私が世田谷に住んでいた頃のことである。

ある土曜日の午後、会社が休みなので、私は自宅マンションの一室でゴロゴロしていた。

床に置いた電話が鳴った。

携帯電話というものが世の中を席巻する前、皆が自宅の電話と公衆電話を使っていた時代である。

「へへぇー」

受話器を取ると、電話の主は悪戯っぽく、何か悪巧みでもしているように、低く笑った。

すぐに高峰だとわかった。

「あ、高峰さん」

まだ「かあちゃん」とは呼べないでいた時期である。

「あんたんち、カネある？」

いきなり高峰はそう言った。

〝金〟という概念が私の脳には全く浮かばなかったので、

「え？　ハネ？　ですか？」

思わず聞き返した。

「違う違う。カネ、カネ。お金よ」

じれったいなぁという感じで、せっかちな高峰は言った。

その時、一瞬にして私の脳裏を巡ったもの。

いかにきちんとしている高峰さんでもやはり芸能人だ。怪しげな投資でもして借金を抱えているのか？　しかしいくらなんでも、私のような貧乏記者に金の無心などするはずがないし……。

私はおずおずと答えた、

「高知の実家は父の持ち家ですけど、二束三文だし、お金はありませんけど……」

「アパート買わない？」

人の言うことを聞いてない。

「アパートって、木造の？」

訳がわからぬまま私は訊いた。

「そうじゃないかな」

じゃないかな、って……。

「それって、私にアパートのオーナーにならないかってことですか？」

「違う違う。アパートの部屋を買わないかって訊いてるの」

物わかりの悪い奴だと言わんばかりに、高峰は言う。

「普通、木造アパートの部屋は売らないと思いますけど」

「ん？」

ここでやっと高峰の勢いが止まった。

「二分後にかける」

電話を切った。

私はリノリウムの床にぼんやりすわったまま、何とか高峰の言ったことを理解しようとしたが、無理だった。

と、一分もしないうちに、再び高峰から電話が来た。

さっきの続きだけどでも、高峰だけどでもない。それにしても「だって」というのは誰かからの伝聞か？

「じゃ、マンションですか」

私は応えた。

「ふ〜ん。ま、どっちでもいいけど、買わない？」

高峰には「アパート」と言えば「アパートメント」、「マンション」は邸宅という外国の概念しかないのだ。後からわかったことだが。

「うちのすぐ近く。会社に通うのに便利よぉ」

高峰の会話の特徴は、相手の話を受けて進めるのではなく、どこまでも自分の頭の中だけで進行することである。

「うちのすぐ近くって、それ、もしかして麻布ですか？」

何度か行ったことがある松山家と、その周辺の瀟洒《しょうしゃ》な風景が私の頭に浮かんだ。だからびっくりして答えた、

「そんなぁ……。とても麻布のマンションなんて私には買えません」

「安いわよぉ。幾らか知らないけど」

言ってることが滅茶苦茶である。

「鉄筋だって」

「でも間取りもわからないし……」

私は当たり前のことを言った。

「ベランダがあるんじゃないかな」

じゃないかな、って……また。

「あ、ベランダ、あるって」

あるって？　やっぱり誰かに聞いているのだ。

高峰は向こうにいる誰かに大声で聞き返している。

「え？　何ぃ？」

「二部屋、え？　三部屋あるんだって」

のちにわかったが、このマンションは松山が松山家にお手伝いに通う姉のために買ったもので、高峰の所有物ではなかった。そして高峰はその外観すら見たことがなかった。それを私に買わないかと言ったのだ。そして高峰の向こうにいた「誰か」とは、もちろん松山だった。

結局、この2LDKを松山が私に破格の家賃で貸してくれることになり、私は世田谷から麻布に越した。

それにしても、何と高峰の乱暴なこと。

しかし、これが高峰のやり方だった。

難病に苦しむ母親を、東京と郷里の高知を三日おきに往復しながら仕事を続けて、三年半ののち遂に死なせてしまい、失意のまま世田谷で一人暮らしていた私を、高峰は知っていた。

母の葬儀を済ませて上京した時、「大変だったわね」、ポツリと言っただけの高峰が、行動として見せた、それがこの突然の奇妙な電話だったのである。

前回書いたように、高峰は〝黙って人を想う〟人だった。

そしてその想いを表す時は、言葉ではなく、行動で表す人だった。

常識的とは言えないやり方で。

麻布に引っ越した日、松山家で夕食をご馳走になった私を玄関先まで送ってくれた高峰は、ニッコリ微笑んで、言った、

「今日から歩いて帰れるね」

世田谷に住んでいた時、「(帰りの)タクシー代、いくらかかるの?」と訊かれて、「三千円ちょっとです」と私が答えると、「そう……。大変ね……」と顔を曇らせた高峰の面差しが、重なった。

その時、初めて私は気づいた。

歩いて松山家に通える場所に私を呼んでくれたのだ、と。

それから毎日のように、高峰は温かい夕飯を食べさせてくれた。

「今日はフキノトウのお浸《ひた》しを作ってやるよ」

受話器の向こうの高峰の声が、今も耳に残っている。

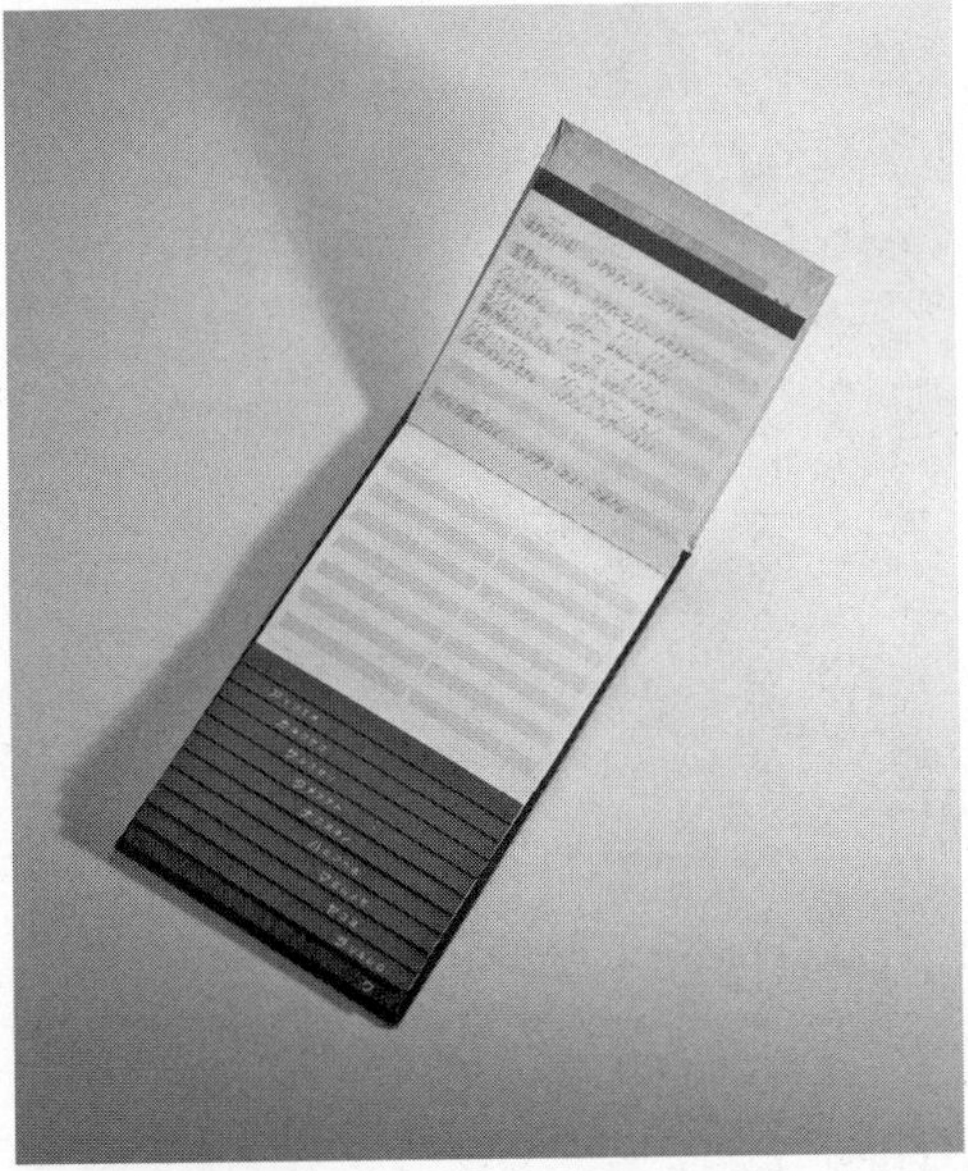

高峰が常に台所にある電話の傍に置いて愛用していた電話帳。知人の他、ホテルや劇場、花屋、薬局など、これ一冊あれば大丈夫という、準備のよい高峰ならではの常備品だ。

愛情表現

私が知る限り、高峰が「愛」という言葉を口にしたことはない。

十五年ほど前だったか、まだ私が週刊誌の記者をしていた時のことだ。夜八時すぎだった。編集部の小部屋で急ぎの原稿を仕上げていたら、傍に置いた携帯電話が鳴った。

着信表示に「かあちゃん」と出ている。高峰が夜、電話をかけてくることは稀だ。しかも当時、老夫婦にとって、この時間は〝深夜〟だった。

「まだ起きてたの？　珍しいね」

いつもは遅くても七時にはベッドに入る高峰に、私は言った。

「今度来る時、お豆腐買ってきてね」

用事は三秒で終わった。

と、おもむろに高峰が言ったのだ、

「さっき、ご飯食べてたら、とうちゃんがね、『秀さんは夕食の時にはお酒を飲むから、ほっぺたがピンク色になって、とても八十には見えない』って、言うんだよぉ」

もう電話から高峰の満面の笑みがこぼれんばかりだ。

なんだ、これが言いたかったのかよ、この忙しいのに……。

私はやや呆れながら、

「そんなこと私も何度も言ったじゃないの」

「『ほっぺたがピンク色になって、とても八十には見えない』って、とうちゃんが」

相変わらずこちらの言うことは聞かず、高峰は嬉しそうに繰り返した。

ハイ、ハイ。私なんぞが何十回同じことを言おうと全然気にもとめないけど、大事なダンナさんが一回言うと、ダンナさんが寝たあと、私に電話してこないではいられないほど嬉しいんだよね、かあちゃんは。

私は心の中で応えて、口に出したのは、「よかったね」。

それで高峰は「あんたももう寝なさいね」と、電話を切った。

ハワイの松山家で夕食をご馳走になっていた時だ。

三人で雑談しながら食べていたら、松山がシャケの切り身を口に入れようとして、少しこぼした。

「あ、とうちゃん、こぼしたっと」

私は面白がって指差した。

すると、高峰が椅子から腰を浮かして身体を伸ばすと、松山の膝の上のナプキンに落ちているシャケの切れ端を拾って自分の口に入れ、ナプキンで松山の口元を拭いた。

なんだ、仲いいなぁ……。

その様子に見とれていたら、今度は私がこぼしてしまった。

途端に高峰が、

「またあんたはこぼしてぇ。ちゃんと拾いなさいよ。絨毯にこすりつけたら承知しませんよッ」

目が三角になっている。

「何、それ。とうちゃんがこぼしたら拾って口拭いてあげるのに、私がこぼしたら、どうしてそんな鬼のように怒るのさ。差別じゃないかぁ」

高峰は「しまった」という顔になり言い訳でもするように、

「だって……しょうがないだろ。とうちゃんはジイさんなんだから……」

いや、あれは明らかに差別だった。

ある晩、麻布の松山家を訪れたら、普段消してある他の門灯にも明かりが点いて、玄関先が煌々としていた。

松山はまだ帰宅していなかった。

「今日はすごく明るくしてあるね」

私が言うと、

「とうちゃんが帰ってきた時に家が暗いと可哀相でしょ」

高峰が微笑みながら応えた。

帰ってきた松山に私がそのことを言うと、

「留守番してる自分が怖いからだよ」

松山はきまり悪そうに言った。

「卵をポンってしますか？」

高峰が訊いた。

「うん、してほしいな」

松山が答える。

「ポンって、なぁに？」

私は訊いた。

「親子丼のかけ卵の他に、最後に卵を落として半熟にするのさ」

松山が言った。

「かあちゃん、私もポンとしてよ」

松山の前に料理を運んで、ちょうど私の背後を通っていた高峰が、

「何がポンだ」

私の頭に、小さくゲンコを置いた。

何につけても松山が一番だった。

何事にも夫を優先した。

昼も夜も、料理は夫が好む物。たとえ自分が味噌やお新香が大好きでも、夫が嫌いだから、食卓には決して出さなかった。

夫が大口を開いて食べる人ではないから、カレーライスやシチューのジャガイモも人参も肉も、全てサイコロ大に切った。サラダに使うサニーレタスもトマトも、一枚一枚小さくちぎり、一つ一つ小さく刻んだ。

ベッドの位置は、東京の家もハワイの家も、部屋の出入り口に近いほうが高峰、奥が松山だった。

食卓はもちろん上座が松山、台所に近い席が高峰。

私が高峰と知り合って、そして別れるまで二十五年、それは最期まで変わらなかった。

私が知らないその前も同じだったろう。

結婚当初、高峰のもとにいた三人のお手伝いさんは、食事の時、焼き魚の切り身の、大きなほうを、女主人だった高峰に出した。

高峰は松山のことを「お宝亭主」と評したが、その夫を何くれとなく気遣う１歳年上の高峰は、まさに〝金《かね》のわらじ〟を履いて探しても滅多には見つからない〝姉さん女房〟だったのではないだろうか。

「違います。これは松山です」

そのたびに、高峰は大きな切り身を松山の前に置き直した。

「高峰さん」と言って電話をかけてくる知人、勝手口からやって来る御用聞きさん達に、「今日からうちは松山です」と繰り返した。

だが半年経っても改まらないので、遂に高峰は、魚屋、八百屋、酒屋、クリーニング……それまで懇意だった全ての店を総とっ替えしたという。

そしてとうとう死ぬまで、台所を人に任せなかった。

自宅で松山が口にするものは、全て自分の手で作った。

「この子は大人になるまで生きられないでしょう」、取り上げた医師が言ったほど未熟児で生まれ、結婚後も〝病気のデパート〟と言われるほど多くの病気をした松山が、今も息災に暮らしている。

「愛している」とは一度も口にしなかった。

だが、確かに毎日、五十六年間の一日一日、変わることなくずっと、高峰は松山を愛し続けた。

高峰に大切にされ愛された松山は、まもなく九十歳を迎える。

それが高峰秀子の、愛情表現だった。

直径十二センチのフライパン

私も時々見るが、家を改造してみせるテレビ番組がある。それ以前と以後で別物のようにすっきりと変わり、そこへナレーションが「○○さんは気に入ってくれるでしょうか」。

気に入らないわけがないだろう。私はテレビに向かって答える。

だがその番組を見るたびに一つの疑問が湧く。

果たして改造後のこのきれいな状態がいつまでもつのか？　半年後、一年後には元の木阿弥になっていはしないか？

だって改造直後は、真新しい台所や戸棚にテレビ局が用意した素敵な物だけ入れて映しているのだ、それもスカスカに。住人が持っていた古い所帯道具をそこに納めたらどうなるのか？　量的に納まるのか？

改造したい理由のほとんどは「狭い」ことだ。

そこで私はさらに根本的な疑問を抱く。

家が片付かないのは、広さだけの問題だろうかと。

ある日、高峰が言った、「フライパンを買ってきてくれる？　直径は十二センチ」。

当時はネットで探す術を知らなかったので、店を探し回った。ない。

直径十四センチなら、あった。

なのでそれで我慢してもらった。

なぜ高峰は「直径十二センチのフライパン」にこだわったか？

老夫婦は食が細くなったからであり、老いた自分が大きなフライパンを操るのは辛いからだ、重くて。既に持っていた十二センチのフライパンは海外で入手したもので、古くなっていた。

高峰のこのこだわりは、彼女の次の言葉と符合する。

「人はその時の身丈《みたけ》に合った生活をするのが一番です」

広辞苑によると「身丈」とは〈①身のたけ　②衣類の、襟のつけ根からすそまでの背筋の長さ〉とある。

人間の身体は変わる。身長が伸びたり縮んだり、目方が増えたり減ったり。それにかけて、家族の人数や経済など、変化していく生活条件、さらにはその人の〝分〟まで含めて示す、いい言葉である。

だから高峰は、女優をやめたことを考えて、まず家を小さくした。住み込みだった三人のお手伝いさんと運転手さんに解散してもらった。中身も少なくした。家具調度、食器、衣類、骨董……あらゆる所有物を十分の一近くに減らした。

くだんのテレビ番組に象徴される、多くの人が持つ「家が片付かない」問題は、そこにある。

容れ物と中身のバランスが悪い。

2LDKに収めている物の量と1Kのそれが同じでよいはずがない。容積そのものが違うのだから。

にもかかわらず、多くの人は、容積を考えていない。

片付かないのは当たり前だ。

私の実母が口癖のように言っていた、「一回でえいき、なんちゃあ置いてないテーブルの上で紅茶を飲んでみたい」。実際の食卓の上は無数の調味料の瓶やコンビニでくれる割り箸やスプーンの集積、他もろもろがゴチャゴチャ置かれていた。実父が殺虫剤一本を買いに行って五本、だけでなく不必要な物まで買ってきて、しかも捨てない人だったからだ。

松山家で夕食をご馳走になるようになって、私はつくづくと食卓を眺めたものだ。実家の三倍はある大きなテーブルの上には、小さな岡持ちに入れた醬油と七味、花だけだった。

「ああ、お母さんはこういう生活に憧れていたんだな」と切なくなったのを覚えている。

片付かないのは部屋が狭いからでも収納が少ないからでもない。

物が多すぎる、それだけだ。

私は高峰を見ていて、整然とは、知性と決断力の成せる業だと思った。

逆に言えば、いつも家じゅうがゴタゴタしているのは、住む人に知性と決断力が欠けているということになる。ゲッ、私もか。

ただし家族が増えたから減ったからと言って家を建て替えるのはお金がかかる。誰にでもすぐ実行できることではない。

だから頭を使わざるを得ない。

己が所有する物らをじっと睨んで考えてみるのだ、「これは本当に必要なのか？」と。

そこで邪魔をするのが未練だ。

高峰が未練を持っていて、百本以上の映画賞のトロフィーを捨てられただろうか？

若い時から好きで集めた骨董を処分できただろうか？

ダイエットと同じだ。

痩せたい痩せたいと口では言いながら、「今日だけ」と深夜にピザなんか食べる。その矛盾と同じで、家をすっきりさせたいと言うくせに、何も捨てずにさらに買い集め、現実は家じゅうに物が溢れ返っている。

「この頃太っちゃって……」、ある日私がこぼすと、高峰が一言、

「緊張してたら太りません」

グゥの音も出なかった。

これら高峰の言動を総合して思うに、ダイエットも整理整頓も、その人の精神に大いに関係があるようだ。克己心とでも言おうか。

別にそこまでして……と言う人は、せいぜい贅肉と余分な所有物をぶらさげながら不本意な自分を生きればよい。

高峰が応接間が三つもある教会建築の豪邸をぶっ壊したのは、ひとえに決断力である。

そして考えたからだ。

この先、私達夫婦はどんな生活をしたいか、どのような心持ちで生きていきたいのか、そのためにはどうすればよいのか、と。

好きで集めた骨董を処分する時は歯ぎしりしたそうだ。それでも処分したのは、どち

高峰が長年、使い込んだフライパン。晩年は体力的にも手のかからないおかずを作っていたので、このフライパンは大活躍だった。中でも私は糸コンニャクのピリ辛炒めが好物だった。

らが大事か、決断、選択したからである。
惜しい気持ちを取るのか、己が理想とする生活を目指すのか。
幸い、松山も同意見だったから実現できたが、家族の協力は不可欠だ。
私の実母には夫の理解が無かった。
独り暮らしなら、絶対に部屋は片付くはずである。
高峰は、もし六畳一間に住まなければならなくなったら、黙ってそこに住める人だ。
しかも整然とした六畳間で。
では実際、高峰はどのようにして整然を保ったのか——。

徒然草

私が知る高峰の生活は、彼女が七十歳以降のものである。

家を縮小してまもなくだった。

片付けはやる気次第で誰にもできるが、難しいのは片付いた状態を維持することだ。

冒頭に書いたが、「整頓のコツは?」と訊くと、高峰は一言で答えた、

「いつ死んでもいいように」

究極の極意であり、いかにも高峰らしい。整理整頓だけでなく、人生の後始末まで含んでいる。

そこまでいかなくても、せめて〝いつ誰が来てもいいように〟は目指したい。

急に知人が来て、「三分待ってて」と、外で待たせたまま慌てふためいて部屋を片付

けたことはないだろうか？　私は何度もある。

松山家はいつ誰が訪れても大丈夫だったが、皮肉なことに、そこへ誰も入れなかった。

高峰のやり方を簡単に記すと、
①家財を十分の一近くに減らした。
②家を縮小した。
これは高峰でなくても、大いなる決断と、経済が許せばできる。

問題はこの次からである。
③物を増やさなかった。
いったんダイエットに成功しても、三日で体重が戻るのと同じで、一度の実行より、維持するほうが難しい。

私が知る限り、高峰は老朽化した冷蔵庫やテレビを買い替えたことはあっても、新たな物を買わなかった。

健康器具が埃を被っている人はいないか？　ハイ、私です。

あるいはスーパーに行って、予定以外の物を買った経験はないだろうか？　これも私です。

いつか高峰と一緒に麻布十番のスーパーで買い物をしたら、独り暮らしの私のカゴは溢れていたが、彼女がレジで出したカゴには、乾電池三個とキュウリが二本だけだった。

食材の他も、非常用以外には「安いから」「どうせ使うから」と買いだめをせず、こまめに買い物をしていた。

松山家には知人からよく食材が送られてくることもあって、高峰は食材を一覧に箇条書きしていた。

それをじっと見て、今夜のメニューを決めた。傷みやすい物から先に使い、使うと線を引いて消した。

つまり高峰は、

④家にある物を全て知っていた。

これは結構、盲点だ。だから多くの人は探し物をするのではないか。「あれはどこにあったかしら?」「もうなかったかしら?」と。

高峰が探し物をしているのを私は一度も見たことがない。

どこに何がどのぐらいあるかを把握するためには、

⑤しまう場所、置く場所を決して変えなかった。

ハサミ、爪切り、セロハンテープ、眼鏡、ロウソク、懐中電燈、ドライバー……、このような物を探し回る必要がなかった。

「納戸の中央の引き出しの三番目」

高峰はすぐに答えられた。

⑥配色が見事だった。

視覚は大事だ。バラバラな色が部屋中を埋め尽くしていると、いくら片付けても整然を邪魔するものだ。

高峰は家を縮小した時、台所をオフホワイトで統一した。壁も床もキッチンセットも。「汚れが目立つように」と言った。汚れが目立たないようにという一般の発想とは逆だ。汚れたら即座にきれいにするためだ。

⑥に呼応して、

⑦装飾が皆無だった。

玄関に置物、台所の入り口にすだれ、電話にヒラヒラのカバー、ドアノブにお花型のカバー……高峰が大嫌いな物である。

旅館の客室に入った時、床の間に布袋《ほてい》様の置物や鮭をくわえた熊の木彫りなどがあると、高峰はまずそれら全てを押入れにしまったそうだ。そして宿を発つ朝、再び元に戻して部屋を出たという。

高峰の装飾嫌いが一番象徴的に表れているのが、松山家の玄関だ。あるのは、上がり框《がまち》に敷かれた絨毯マットと、その横の壁に掛けられた犬の頭がついた靴べら、それだけ。松山家は室内でスリッパを使わない。

⑧物を使ったら、必ず元の場所に戻した。

これは⑤を実行していなければできない。

高峰が脚を骨折して入院したことがある。「今のうちに離れへ引っ越しちゃえば？」、病室の高峰は簡単に言ったが、彼女は私が所有するビデオやDVDの膨大さを知らない。物も多かった。

そこで私は、茶碗と箸、洋服数枚など身の回りの物だけを持って、松山を一人にしないようにしばらく離れで暮らしたが、その時の爽快感。

掃除された、家具一つない部屋で寝起きしたあの数週間は、今でも美しい夢のように記憶している。

〈賤《いや》しげなる物、居たるあたりに調度の多き。硯《すずり》に筆の多き。持仏堂に仏の多き。前栽《せんざい》に石・草木の多き。家の内に子孫《こうまご》の多き。人にあひて詞《ことば》の多き。願文《かんもん》に作善《さぜん》多く書き載せたる。多くて見苦しからぬは、文車《ふぐるま》の文、塵塚の塵。〉

吉田兼好『徒然草《つれづれぐさ》』第七十二段。

高峰はこの『徒然草』が好きだった。

離れで初めて過ごしたあの時に感じた爽快感はこれだったのだと、私は今になると思う。

七百年近くも昔に整理整頓の極意はこの法師によって明確に示されていたのである。

そして高峰は、まるで兼好法師が現代に蘇ったかのように、その精神のままを生きた。

だが女優だった高峰が自身の好むそのような生活を始められたのは、引退して八年、六十三歳の時だった。

「もう欲しい物は何もない」

いつか高峰が言った。

欠け茶碗一つを懐に旅をした西行のように、茶室に象徴される庵で先人が静謐《せいひつ》を生きたように、人の本能はどこかで、物質のない、風と木と水に囲まれた生活に憧れているのではないだろうか。

読者に整理整頓など釈迦に説法だろうし、高峰の暮らし方が正しかったと言うつもりもない。

だが高峰が差配した家は実に清々しかった。それだけは言える。

高峰秀子は無一物を願っていた。

亡くした今、私はそう確信する。

暮らしを縮小し、終の住処とした家の玄関は、簡素だが品格が漂う。何より心地よさげである。高峰が外玄関まで宅配便を受け取りに行く際にはいた革のスリッパも、犬の頭のついた靴べらも、そのままだ。

差配

と言うか、指示、取り仕切り、マネジメント……。

とにかく、そういうことにおいて、高峰は非常に優れていた。

たとえば、私が初めて素顔の高峰秀子について書くことになった時。

高峰はこう言った。

「○○社の△△さんに挨拶してきなさい。編集者としてあの人のほうがあんたより、私との付き合いが長いから。特に聞くこともないと思うけど、『書いていてわからないことがあったら教えてください』ぐらいのことは言うんですよ。菓子折を持ってね」

私はその通りにした。

そして十五年前、「かあちゃんの卵焼き」五十枚を書いた。

たとえば、私にお遣いをさせる時。

ある高名な写真家が高峰を撮った。最高の出来栄えだった。そこで、お礼にワインを届けるよう、私に指示した。

「これを持っていきなさい」

松山家の玄関先できれいな水色の手提げ袋を渡された。

見ると、紙袋の内側の上部に小さな紙片が貼り付けてあった。

「×××様　港区……。03—……」。

「あッ」と思った。

もちろん事前に私もその写真家の住所を調べていたが、なぜならこんな経験はないだろうか？

お金を振り込むためにコンビニのATMに来たのに、いざ振り込もうとすると、その口座をメモした紙を家に忘れてきたことに気付く。あるいは、初めて行く場所の住所を紙に書いて、それを持っていこうと思っていたのに、タクシーに乗ってから、忘れてきたことに気付く、とか。バカじゃないのと思う人は、相当賢い。私はしょっちゅう、やる。

私の性格を知っていたからか、一般的にそういうポカはやるものだと思ったのか、慎重な高峰は、その紙袋さえ持っていれば目的が果たせるようにしておいてくれたのだ。

どんなに迂闊《うかつ》な人間でも届ける品物自体を忘れることはない。そこに先方の住所と電話番号を付けておけば、「あ、住所を書いた紙が」と慌てることもないし、もし近場まで行ってアトリエが見つからない場合でも、先方に電話して道順を教えてもらうことができる。

高峰は何も言わなかったが、私はその小さな紙切れを見た時、何とゆき届いた人かと舌を巻いた。

ちょっとしたことだが、これができる人は、そうはいない。

たとえば、作家の出久根達郎氏のお宅に伺う時。

私が初めての著書『高峰秀子の捨てられない荷物』を上梓した時、出久根氏が素晴らしい書評を書いてくださった。

高峰が言った、

「前にお目にかかった時、焼酎がお好きだと言ってたから、送るんでなく、あんたがじかにお届けしなさい。ちょうど珍しい焼酎が手に入ったから、『高峰からです』と言って。そしてあんたは奥様にお花を。そうね、今ならスイートピーとか、大げさでない花にしなさい。『これは私から奥様に』と言ってね。出久根さんに居ていただくことはないから、電話して『奥様がおいでになる日を教えてください』って」

そして最後に、こう言った、

「決して上がり込むんじゃありませんよ。玄関先で失礼してきなさい」

私は子供のように、言われた一字一句を実行した。

果たして出久根夫人は、「ちょっと紅茶でも……」と誘ってくれた。「いえ、ここで失礼します」、私は言った。だが親切な夫人は「じゃ、ほんのちょっと、二分だけ。うちのワンちゃんも見てほしいし」。何度も上に上がるよう勧めてくださった。

そこで遂に私は伝家の宝刀を抜いた。

「いえ、本当に。でないと、高峰さんに義絶されますから」

「そうですかぁ……」

ひどく残念そうな顔で、夫人はようやく諦めてくれた。そして門前でいつまでも私を見送ってくれた。

高峰に言われていなければ、きっと私は誘われるまま上がり込み、長々とお邪魔したに違いない。

これこそ私の甘い性格を見通して高峰は言い含めたのだ。

帰るタクシーの中で思ったものだ、「かあちゃんの言った通りになった。予言者みたいだ……」と。

たとえば、ホテルオークラで。

ロビーで拙著の装丁について相談したあと、編集者、装丁家、高峰と私は、お昼に中華を食べることにした。

別のテーブルでは、松山と仕事相手のプロデューサーがメニューを見ていた。

と、高峰が私に紙片を渡した。

「これをとうちゃんのところへ持っていって」

私は言われた通り紙片を持って松山のテーブルに行き、「失礼します」と言ったのち、「これをかあちゃんが」と松山に小声で渡した。

紙片を見た松山が笑った。

そして向かい合っているプロデューサーに「うちのヨメさんがこれを注文しろと言ってます（笑）」。

そこには中華の料理が何品か書かれていた。

ホテルオークラのこの店なら、昼はこれが美味しいと、高峰は知っていて指示したのだ。

この仕切りぶり。

高峰と親交のあった梅原龍三郎画伯が、自身の集まりをする折には、必ず高峰にお金を預けたそうだ。

来てくださった方々へのお車代だ。つまり皆さんがお帰りになる時、それを高峰から渡してくれと。

贈り物、あるいは御礼の印として人様に差し上げるために、高峰が常に用意してあったお酒の一部。「洋酒と日本酒、どちらがお好きか聞いて」と、私はよく高峰から先方への言付けを預かったものだ。

当然ながら私はその現場を見たことがないが、目に浮かぶようだ。

梅原画伯の会だから出席者はいずれもお歴々だろう。その方々が三々五々とお帰りになる時、高峰は極めてさりげなく、絶妙のタイミングで、いとも感じよく、自分で選んだ清楚な封筒を渡したことだろう。

大変な重責だ。もし梅原画伯が高峰で、高峰が私だったら、絶対に高峰はそれを私には頼まないと思う。自分で渡しただろう。

指示を与える相手の性格、能力、その場の状況、あらゆることを正しく判断できなければ、差配はできない。

高峰は、まさに完璧だった。

自己管理　その1

若い頃からなぜ自分はいつも憂鬱を抱えるのかと悩んで、さらに憂鬱になっていたが、高峰秀子という人に出逢って、答えを見た思いがした。

人は不本意な出来事に遭遇し不快に襲われると、まずは外に目を向け、誰かの、あるいは何かのせいにしようとするものだ。だが実は、原因は外ではなく、内にある。解決策も。

高峰を見ていて私が得た答えは、自己管理、またはその能力である。

肉体的にも精神的にも、自己を管理できるかどうかで、その人の幸福感は大きく変わり、ひいてはその人間の値打ちが決まるとさえ今は思う。

まずは肉体における自己管理。

「かあちゃん、ここんとこが黒ぉくなって痒いの。何か病気じゃないかなぁ……」

ある時、腕を見せて私が言うと、
高峰は、

「あんたもとうちゃんとおんなじね。どこが痛いの痒いのって……。そんなもの、放っとけば治りますッ」

にべもなかった。

冷たいのではない。

そうやって高峰は生きてきたのだ。

いつか高峰が、

「五十年、無遅刻無欠席です」

軽く言ったが、私はびっくりした。

つまり五歳で映画デビューして五十五歳で引退するまで三百本を超える映画に出演したが、その五十年の間に一度も撮影に遅刻したり、休んだことがないという意味だ。

「ほんと……？」

啞然として私は訊いた。

「うん。一度だけ風邪で高熱が出て、さすがに明日は行けないなと思っていたら、翌朝、大雪になってね、撮影自体が中止になったの。だから欠席にならなかった」

雨が降っていても、高峰がロケ現場に現れると、ピーカンになった。スタッフはいつも、高峰秀子の一刻も早い到着を待ち望んだそうだ。

私は実母を死なせた時に神は捨てたが、高峰のこんな話を聞くと、人の心がけというものには何か得体のしれない〝力〟があるように思えてくる。運命は引き寄せるものであり、偶然とは紙一重で違うように。

高峰はまたこんなことも言った、

「結婚して五十年、私は松山に何をしてあげられたかしらと考えると、何もないのよね。でももしも、たった一つだけあるとしたら、それは私が一度も寝つかなかったこと」

己の肉体を管理する、管理できる。これは〝一流〟の必須条件だ。

たとえばイチロー。常に自分が理想とする体型を保ち故障をしたことがない。だがスポーツ選手だけでなく他の職業も、いや、人間が生きることそれ自体において、肉体を管理できることほど素晴らしい能力はない。

他人に迷惑をかけないからだ。

高峰は、顔も覚えていない実母について「丈夫に産んでくれたことを感謝する」と言ったが、生まれつきが死ぬまで続く人はいない。

高峰は努力という言葉を口にしたことがないが、した努力は想像を超えると私は思う。運動は一切しなかった。サプリメントの類も飲んだことがない。

高峰がしていたことは、ただ毎日を暮らすことだった。

朝起きて雨戸を開け、顔を洗い、夫のカフェオレとヨーグルトを支度し、片づけ、礼状を書き、時には原稿を書き、昼の支度をして食べて、片づけ、本を読み、時には原稿を書き、入浴して、夕食の支度をして片づけ、寝る。

この極めてルーティーンと思える作業を繰り返していた。

ただし、五分とズレなかった。

全ての行動を同じ時刻に同じように実行した、死の床につくまで。

ただ黙って、粛々と、やり過ぎず、やり残さず、やり損ねず、今すべき今日すべきと自分が決めたことを、行い続けた。

儀式のようだった。

そして再びイチロー。試合に入る前の練習は、ベンチの階段を常に同じ側の足で上がるのに始まり、寸分違わぬメニューをこなすと聞いた。

有名無名に関係なく、ある域にまで届く人は誰でも、同じものを見出すのではないか。

悪い習慣はいやでも即座に身につくが、そうでない行いを習慣になるまで積み重ねることは、大変な努力を要する。と、私には想像することしかできないが。

人はよく、形より気持ちと言うが、それほど形は軽視されるべきものだろうか。

歌舞伎の型は、それを継承し身につけることで気持ちができていく。

形を守り維持することで生まれるものは、必ずある。

高峰を見ていて確信した。

毎日同じ時刻に同じ行動をとれば、自己の体調の微妙な変化もわかる。

労働法を順守する現在の映画現場とは違い、高峰の子役時代は夜討ち朝駆けで、児童福祉法もなかった。

「狸《たぬき》寝入りした。やっぱり子供だから疲れるんだよ、夜中まで働いてると」
五、六歳の頃、そうやって高峰は身体を守った。そうすると「秀坊が寝ちゃったから、今日はここまでにするか」と、監督はその日の撮影を切り上げてくれたそうだ。
長い女優生活の間、病院に行ったのは十代の頃に出た『馬』の撮影中、それまで手術する時間がなくてチラしていた盲腸が遂に腹膜炎を起こして、気を失った時だけだ。まだ助監督だった若き黒澤明が抱いて車まで運んでくれたという。市川崑《こん》青年は病室に来てわざと笑わせたそうだが。

松山が大風邪をひいたことがある。すぐに病院に行き、十日以上薬を飲み続けてようやく治った。

その風邪が高峰に伝染《うつ》った。

いつもとやや様子が違うので私が熱を測ると八度を超えていた。だが高峰は薬を飲まなかった。いつもより早く寝ただけだった。

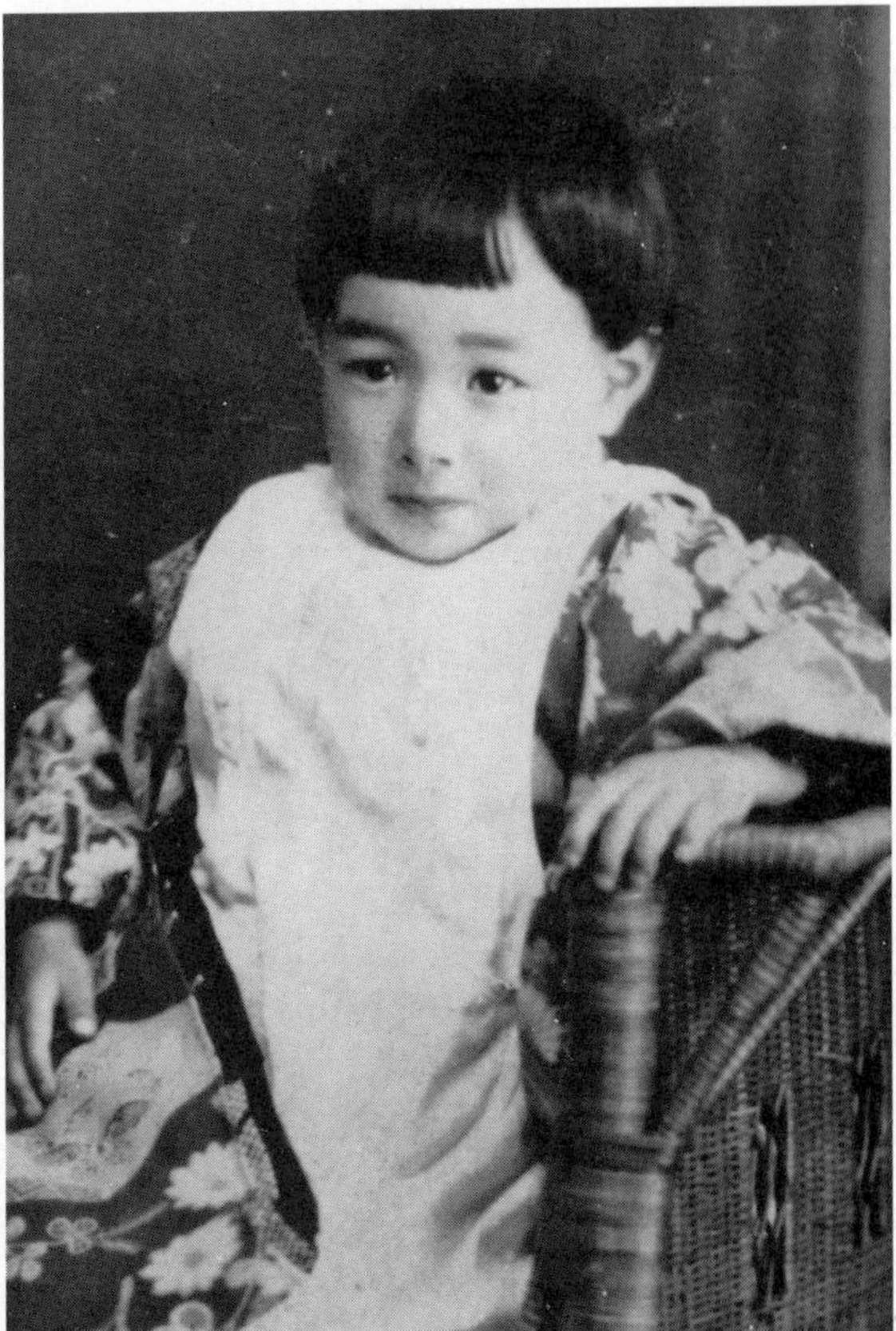

この写真からまもなく、高峰は銀幕の人となる。このつぶらな瞳は、これから始まる自身の波瀾万丈を知っていたのだろうか……。だがこの瞳が大人達の振る舞いを見つめ、己の心を律していったことだけは、確かだ。

そして一週間で治した。

やっぱりかあちゃんは野生動物みたいな人だ。私は思った。

けがや病気をすると、野生動物はじっと身をひそめて動かず、癒やす。

八十六年の生涯の最期に、たった二か月余、高峰は寝ついた。

自分で癒やせなければ、死ぬ。

摂理に准じた人だった。

それほどに肉体管理をした高峰秀子の奥にある、精神の自己管理を、私は知りたい。

自己管理　その2

高峰の肉体の自己管理に続き、今回は、その肉体管理を管理すると言ってもよい精神の、自己管理について。

精神は性格とは違う。精神は、辞書にあるように「知性的・理性的な、能動的・目的意識的な心の働き」であり、生まれもった性格とは、〝意志〟が伴うという点で、全く異なる。

たとえば、高峰は清潔整頓好きで、料理上手だと思われている。

実際、その通りだった。

だがある時、高峰が電話でこんなことを言った、

「今日はとうちゃんが午前中から出かけたから、一人でお昼を食べたの。即席ラーメン

を作ったんだけど、丼に移すのが面倒だったから、直接鍋から食べたら、唇を火傷しそうになっちゃった」

本人は笑っていたが、私は驚愕した。とても高峰秀子の行為とは信じられなかった。

「かあちゃんがそんなことするの？」思わず訊くと、

「私は本来ものぐさなの。とうちゃんがいるからお料理も作って綺麗な器に盛ったりするけど、一人だったら紙のお皿とコップだと思う。縦の物を横にもしないと思うよ」

これにも驚いたが、しかし最後の「縦の物を横にもしない」の部分は、にわかには頷けなかった。

面白いのは、この会話で高峰の性格と精神がわかることだ。

料理は、大切な夫という存在があるから懸命に作る。明らかに、意志を伴う精神の技である。だが縦の物を横にもしない、はずはない。なぜなら、きれい好きは高峰の〝性格〟だから。本人も「きれい好きを通り越して癇性」と認めている。

この性格と精神が相まって、人々が思う「高峰さんは清潔整頓好きで料理が上手」となるのである。

だが高峰を側で見ていて非常に興味深いと思ったのは、彼女の場合、その性格と精神の境目がわからないことである。先の電話はその意味で、唯一その境界線を見た出来事だった。

これはある意味、立派である。

なぜなら、性格というのはしぶといので何かの折に出てしまうからだ。高峰は松山がいないから一人で即席ラーメンを鍋から食べたと言ったが、高峰でない人なら、夫がいても鍋からじかに即席ラーメンを食べているかもしれない。

高峰は自らの意志で、生来の性格を抑え込んでいるのである。

でなければ、三百六十五日のうち、何日か、いや何十日かは「ものぐさ」な性格が日常生活の中で表れているはずなのだ。

そこで、高峰の次の発言。

「私は、イヤなことは心の中で握りつぶす」

これほど彼女の意志を象徴した言葉はない。

これを聞いた時、私は凄いと思った。同時に、果たしてそんなことができるのだろうかと疑った。だが一方で、高峰ならできるだろう、実際してきたから今の彼女があるのだと納得した。

一体どうすればイヤなことを心の中で握りつぶせるのか？

もう高峰に訊くことはできないので、推察するしかない。

まず、「心の中で」という部分にヒントがある。

たとえば幼い頃、高峰は小学校に行きたくて仕方なかった。だが養母に「小学校へ行かせてくれ」とは一度も言っていない。

幼いなりに考えたのだ、心の中で。「学校に行きたいけれど私は子役として働かねばならないから行かれない。でもこのままでは読み書きもできない人間になってしまう。どうしよう……」

そして絵本で字を覚えた、独りで。

たとえば二十代半ばの頃、これから撮影所に出かけようとする朝、玄関で養母から椅子を投げつけられ、高峰はよけたはずみに三和土《たたき》で転んでしまった。だが、黙ってスカートの埃をポンポンと払うと、出かけた。

考えたのだ、心の中で。「この人に何を言っても無駄だ。ここでイヤな思いをしてはこの後の仕事に差し障る。待っていてくれるスタッフに迷惑をかける」と。

私なら一つ目の状況で「学校に行きたい」と言う。二つ目の状況では、養母に摑みかかるだろう。

「心の中で」とは、口に出さないことだ。高峰は、顔にさえ出さない。

事実、彼女は「自宅では仮面を付け、仕事場では鎧《よろい》をつけていた」と述懐したことがある。

高峰は寡黙な人だった。

年寄りの特徴である「愚痴、説教、昔話（自慢話）」が一切ないばかりか、世間話もしなかった。

自戒の上で断言するが、多弁は百害あって一利なし。喋れば喋るほど、精神がやせ細っていくようだ。

高峰の寡黙こそ、性格だろう。だが加えて、後天的な環境がさらに彼女の寡黙を堅固にしたと思える。警戒、用心、猜疑《さいぎ》、それらを手放したらどんなひどい目に遭うか、それを体験から学習したのだ。言って物事が前に進むのか、互いに得るものがあるのか、と。

高峰はその寡黙の中で想いを醸成し、熟慮し、独りで結論を出していった。孤独だが、美しい作業である。

私は電話で高峰に言ったことがある、

「かあちゃんは強いね」

すると意外な答えが返ってきた。

「私は強くないよ。強いふりをしてるだけだよ」

電話だから表情は見えなかったが、私には高峰がちょっと寂しそうに微笑んでいるように思えた。

強いふりをしているだけ――。

意志、そのものである。

高峰は自分の性格の中で好まぬと思う部分を、精神によって抑え込み、そして常に、こうありたいと願う自分の姿をめざしていった。

高峰が遺した二十六冊の著作を読めばわかるが、その姿勢は終始変わっていない。人にどう思われるかではなく、自分が今の自分をどう思うか。

その意味で、高峰は、誰よりも自分自身に厳しい人だった。

人間にとって最も難しい〝自分を叩き上げる〟作業を、精神という「知性的・理性的な、能動的・目的意識的な心の働き」によって一日も怠ることなく続けた高峰は、まぎれもない努力の人であった。

40代の高峰。何気なく置いたように見える手の、その指先まで神経が行き届いた、まるで一幅の絵画のような着物姿。黙って自分自身を〝叩き上げる〟美しい作業を続けてきた人だけが醸し出す美しさ。何よりその瞳に知性が光っている。

訃報

二〇一〇年十二月末、高峰が死んですぐ、松山と私は逃げるように日本を離れた。だが持参したパソコンにはどうやってアドレスを知ったのか、週刊誌やテレビから「コメントを」「独占手記を」と、メールが追いかけて来た。携帯電話は、時差におかまいなく夜中でも鳴り続けた。

マスコミは恐ろしい。二十年週刊誌に身を置いていた私が、痛感した。

三か月後、帰国すると、郵便物は山を成し、次々に怪しげな人々の襲来を受けた。

そんな中、その人からの手紙は、不在中ひっそりと、松山家の顧問弁護士のもとに届いていた。

白い洋封筒の中に一枚、手紙が入っていた。短いが、しかし想いの溢れる文章だった。

手紙の終わりに、

「一度、お仕事をご一緒したかったです」

主は、高倉健さんだった。

高峰とも、そして松山とも縁はなかったのに、悼む気持ちを伝えてくださった。

その後毎年、十二月二十八日に、健さんは上品な香りの線香を、送ってくださった。

最後まで高峰の命日を忘れずにいてくださった著名人は、一度も高峰と仕事をしたことがない、高倉健さん、ただ一人だった。

人は、人の死に際して、どのように振る舞うのか――。

一九九六年二月十二日、作家の司馬遼太郎氏が他界された。

その時、私は余命いくばくもない実母に付き添って郷里にいた。「海が見える所におりたい」と言う母のために借りた、海辺の家の、忘れもしない暗い台所にいた時だ。ポケベルが鳴った。当時私が働いていた週刊誌の副デスクだった。電話すると、「司馬先生が死んだ。高峰さんに原稿を書いてもらってください」。

母は死にそうなのだ。だからクビを覚悟でデスクから一か月休みを貰ったのだ。なぜ自分で高峰さんに頼まない？　そう思ったが、私は東京の高峰に電話した。

私の母の容態を心配し、私の身体を気遣ってくれたあと、高峰は言った、

「とても今は書けない」

そして次にこう言った、

「でも私が断ると、あなたの立場が悪くならない？」

そんな心配まで……。私は涙が出るほど有難かった。

「いえ、そんなこと、そんなことちっともありませんから。すみません、お辛い時にこんなお願いをして……」

私は自分の職業がうらめしかった。

あとで松山から聞いたが、司馬氏の死去を知った時、高峰はベッドに倒れこんで号泣したという。「俺が死んだ時もこの人はこんな風に泣くのだろうか……」、松山は思ったそうだ。

それから数週間後、高峰は、自ら会社を訪れて、依頼された週刊誌ではなく自身が連載していた月刊誌の編集長に、司馬氏を悼む原稿を手渡した。

「何という人だろうと思った。もうこちらは欣喜雀躍《きんきじゃくやく》ですよ。掲載誌が出た時、司馬夫人が『嬉しい！　高峰さんが書いてくれた』と喜んでおられた」、もと編集長は述懐した。

一九九八年九月、あの時は取材で八王子にいた。携帯電話が鳴った。「黒澤明が死んだ。高峰さんに原稿を書いてもらってくれ」、週刊誌の別部署の上司からだった。それはのちに「クロさんのこと」と題して、高峰はやはり月刊誌に寄稿した。

一九九九年一月八日、ハワイにいる高峰と松山に会って帰国したばかりの私に電話がきた。「なんで高峰さんが出てないんですッ⁉」、いきなり大声を浴びせかけられた。何だ？　誰だ？　「今テレビで木下惠介の告別式の模様を流していて、女優の〇〇が語っていたが、なんで高峰さんは出てないんですッ」、声は怒るように一方的に言った。

当時まもなく出る予定の高峰の写真集を担当した、ある出版社の編集長だった。

「高峰さんは今ハワイです」

私は応えた。

「何で急きょ帰国しないんですッ？　木下惠介ですよ！」

相変わらず怒鳴っている。

写真集を作っていた時は「折り返し電話を」という高峰に、一度もかけて寄越さなかったくせに……。私はよほど怒鳴り返してやろうかと思ったが、言ってわかる人ではないので、やめた。

「高峰さんは、それがどんなに親しかった人でも、葬儀には行きません。ご存じのはずですが」

私が言うと、ようやく相手は言葉を呑み、電話を切った。

あれほど失礼な電話を私は受けたことがない。

私が知る高峰は、誰の葬儀にも参列しなかった。

一九六五年、政治家・河野一郎氏の葬儀に出たのを最後に。

高峰の他界後、高倉健さんより「松山善三・明美様」あてに送られてきた香炉。添えられた上品なカードには、『あなたへ』の平戸ロケのとき出逢った茂右ヱ門窯で焼いていただいたことが記されていた。

1965年以降、唯一例外的に参列した、成瀬巳喜男監督の葬儀。後年、高峰は言った、「成瀬さんが死んだ時、私という女優も終わった」。

高峰は女優には珍しく、政治家との付き合いがなかった。だが市川崑監督の「東京オリンピック」が激しいバッシングを受け、当時国務大臣だった河野一郎氏にも否定された時、高峰は孤立無援の中で一人敢然と、新聞に市川を擁護する文章を書いた。そして単身、河野事務所を訪れ、「市川崑に会ってほしい」と頼み、遂に二人を会わせた。

河野氏は自分の意図とは違う文言が新聞紙上に載ったことを明かし、その途端、マスコミや評論家は手のひらを返したように市川の映画「東京オリンピック」を絶賛した。

事務所で河野氏に会った時、側にいた青年に氏が、高峰を指して言ったそうだ、「こういう人を見習いなさい」。その青年が河野洋平氏だった。

それだけの付き合いだったが、高峰は、意気に感ずる政治家の死を葬儀に参列して悼みたかったのだ。

だが葬儀場で、無遠慮に無数のマイクを突き付けられ、以来、誰の葬式にも行かなくなった。

「その人が元気だった時の顔を覚えていればいい。その顔に、独りでそっとお別れをしたいの」

いつか高峰がそう言った。

「黙って心の中で悼みたい」

高倉健さんも、そう言った。

まなざし　その1

この原稿をハワイで書いている。

かつて高峰が元気だった頃そうしていたように、松山にハワイで年末年始を過ごさせてやりたいと思ったからだ。

東京ほどではないにしろ、ホノルルの街も数か月来ないと様子が変わる。今回、アラモアナ・ショッピングセンターに行って驚いた。五十年営業していたスーパーマーケット「フードランド」が閉店していたのだ。

ちょっと高級なそのスーパーは松山と高峰が住んでいたコンドミニアムに近いこともあって、高峰がよく食材の買い出しに行っていた。

だから閉ざされた店の前で、私はやはり寂しかった。

そしてあることを思い出した。

二十年近く前、確か二度目に、二人に会うためハワイに来た時だった。私は路線バスに乗ってオアフ島を一周してみた。映画「ビッグウェンズデー」の舞台になったノースショアを見たかったのと、一度目のように高峰にへばりついてばかりではいけないと思ったからだ。

途中、ハワイ最古の街ハレイワで下車した。だがそこには古色蒼然たる雰囲気はなく、古い様相を再現した新しい建物が舞台の書割のように並び、期待とは外れたが、それでも素朴な温かさを湛えていた。

どうということのない店のテラスでハンバーガーを食べた後、再びノースショアに向かうバスを待った。バス停と言っても、草ぼうぼうの道端にポツンと「Ｂｕｓ」の標識が立っているだけで、本当にここで待っていてバスは来るのだろうかと思える心細さだ。壊れかけたベンチに掛けていると、でっぷりと腹の出た、ランニングと半ズボン姿の現地の男性が近づいてきて、ベンチの反対端に腰を下した。

人の良さそうな男だったが、私は立ち上がって、少し離れた場所で煙草を吸い始めた。何しろこちらは独りで、周りには人っこ一人いないから、用心に越したことはない。

と、そこへ、どこからともなく七、八歳の男の子が現れて彼の横に掛け、二人で何か話し始めた。

そうか、息子か。それを見て私は安心した。そしてやっとその中年男性を落ち着いて眺めてみた。

フードランドのビニール袋を持っていた。高峰が贔屓《ひいき》にしていたそのスーパーの袋を見て、私はさらに安心した。

「ビッグウェンズデー」の舞台となったらしき海岸でコーヒー牛乳を一気飲みして、帰りのバスの中では疲れて爆睡。東海岸は一切見ず、夕方、私は無事アラモアナに帰り着いた。

翌日、松山家に行ってバスの一人旅のことを話すと、「えらい、えらい」と、まるで幼児を褒めるように高峰が言ってくれたものだ。

そして私はバス停での出来事を話した。

「あんなおじさんもフードランドに行くんだなと意外だった」

すると、高峰が言ったのだ、

「その人はそうやって、フードランドの袋でも大事に使ってるのよ」

あ、と思った。

見方が違う。

私はその男性と高級スーパーのレジ袋の組み合わせが不似合と感じた。

だが高峰は、度々はあの店に行かないであろう人がゴミ袋にするのではなく、レジ袋をまるでバッグのように大切に使っているのだと考えた。

そうか、これなんだ。私は思った。

これが高峰の〝眼〟なのだ。

高峰には人間への慮《おもんぱか》りがある。

直接見たわけではなく、私から聞いただけの情景なのに、そこに人間の暮らしを確かに見ている。

もしこれが国語の試験かなんぞで、「その情景描写によって作者は何を伝えたかったのでしょう?」という設問があったとしたら、高峰の解答は秀逸であり、同時に、高峰がその情景を書いた作者なら、自身が語った、まさにそのことを読者に伝えるためにバス停での出来事を綴ったことだろう。

見ているのに、見ていない。

私を含む多くの人は、目に映ったものしか見ていないのではないだろうか。

その一歩奥にあるものを、果たして見ているだろうか。

人間の感性や洞察力とは、そこにある。

高峰のまなざしの深さ――。

こんなこともあった。

そのハワイの出来事から数年後、高峰が書いた最初で最後の脚本「忍ばずの女」(中公文庫『忍ばずの女』に収録）が、東京の明治座に続き、名古屋の劇場で舞台化された。

私は、先に名古屋入りしていた高峰と松山に数日遅れで行き、初日を一緒に観た。

まもなく幕が上がるという時、まだ客席は、席を探す人やトイレから戻った人でワサワサしていた。

その時、隣の席の高峰が言った、

「あの人も一万二千円払って観に来てくれたんですよ」

え？　高峰の視線の先を見ると、一人の初老の男が通路を歩いていた。

明らかにホワイトカラーとは違う雰囲気の人だった。

もちろん、服装でその人をはかることはできない。だが、この言葉に、私は長く映画女優をしてきた高峰秀子の精神を見たと思った。

そしていつか高峰が言った言葉を思い出した、

「わざわざ映画館まで足を運んで、自分の財布からお金を出して、私が出ている映画を観てくれた人達、その一人一人が、私の勲章です」

五歳の時から五十年間、高峰は、ともすれば世間から特別扱いされる女優という立場に安穏とするのではなく、自分を単なる職業人の一人として考え、自分がした仕事を観てくれる人達、その一人一人の想いや、彼らの生活に敬意を払っていたのだ。

だから彼女の演技には説得力があった。

夫とヨーロッパを旅した30代初めの高峰。かつて梅原龍三郎画伯が言ったそうだ、「高峰さんは目が大きいのではない。目の光が強いんだ」。その強い光はあらゆるものを的確に捉えている。

やはり高峰秀子という女優は、間違いなく、我々庶民の側に立っていたのだ。

もはや高峰の好んだフードランドは消え、その高峰も逝って五年が経とうとしている。

だがどれほど時が経っても、いや、むしろ経てば経つほど、高峰秀子が遺した、深く、そして慈愛に満ちたまなざしが、私の中で生き生きとよみがえってくる。

まなざし　その2

十五年ほど前、高峰がある月刊誌で対談をした時のことだ。

場所はホテルに入っている日本料理店の個室、開始は午前十一時。高峰と対談相手、編集長、記事にまとめる役の私、そして速記者が同席した。

昼食をとりながら対談をするという設定だったが、高峰はものを食べながら仕事はしないので、「対談が終わる頃に食事を出してもらってください」と編集長に依頼した。

一時間余り話をして一通り区切りがついたので、昼食が出された。

だが当然、高峰と対談相手は「こんなこともありましたね」と、食事の間もポツリポツリと話題が出る。

女性の速記者には食事は出されなかった。私は一瞬気の毒だなと思ったが、それは浅はかな感傷で、速記者が食事をしては仕事ができない。それは誰より彼ら自身が承知している。

だからその女性速記者は、話が完全に終わるまで、ひたすらノートに速記文字を書き続けた。

そしていよいよ食事も終わり、文字通り雑談になった。

プロの速記者というのはさすがだと思ったが、その頃合いをちゃんと見極めて、場の空気を壊さぬよう、サッと筆記用具を鞄にしまうと、音も立てずに席を立ち出口に向かった。

と、その時だった。

「ありがとうございました！　ご苦労様でしたね」

高峰の、威勢のよい声が飛んだ。

速記者はびっくりしたように半身《はんみ》になると、遠慮がちに会釈した。

「あ、どうも」

「ありがとうございました」

急いで編集長、私、対談相手も高峰に続いた。

私達が速記者を無視していたわけではない。編集長は、速記者はいつもそうやって黒子に徹するのを知っているから、雑談とはいえ、高峰と相手の会話の腰を折ってまで声をかけることをしなかったのだ。ましてや兵隊の私ごときがその場の空気を断ってまで第一声を上げることはできない。

つまりその場で〝一番上〟にいる者、次第なのだ。

この場合は高峰秀子だ。

もしこの時、高峰が速記者に声をかけなかったら、もちろん他の三人も声をかけず、速記者も常のように煙の如く姿を消したはずだ。

だが、高峰は声をかけた。

私はこの時ほど、高峰を素敵だと思ったことはない。惚れ直した。

(やっぱり、かあちゃんは凄いや)

高峰の声のかけ方には、ためらいがなかった。

実に自然で、絶妙なタイミングだった。

何より、あの威勢のよい、響き渡るような声。

私は高峰の女優時代を知らないし、もちろん撮影現場を見たこともない。だが、あの高峰の声を聞いた瞬間、まるでタイムマシンにでも乗ったように、自分が何十年も昔の、映画の現場にいるような気持ちがした。

きっと高峰は、こうやって仕事をしてきたのだ。そう思った。

一つの作品を撮っている時、主演俳優がどんな振る舞いをするか、スタッフに対してどのような態度をとるか、それによって現場の空気は決まる。

高峰が裏方さん達に慕われていた理由がわかった。そして高峰もまた、彼ら大道具、小道具、照明、衣装、結髪《けっぱつ》……スクリーンには顔を出さないが、縁の下からしっかり支えてくれる一人一人を、いかに尊敬していたかが、私には肌で理解できた思いがしたのだ。

そして今になると、もう一つ別のことを考える。

高峰は、あの時、何を見ていたのか、と。

八畳分ほどの個室で、高峰を含めた五人の人間がテーブルについていた。

速記者は一番端に掛けて、終始無言でペンを走らせていた。

私の記憶では、高峰は最初に彼女を紹介されて以来、その後は一度も彼女のほうを見なかった。

そして誰一人、部屋を出るまで席を立たなかった中で、高峰だけが一度、食事が終わった時、席を立った。

何をするのかと私は思った。

高峰は部屋の隅に向かった。

私は視線で追って、「あッ」と気づき、「私がやります」と慌てて席を立ったが、既に高峰は自分の席に戻ろうとしていた、灰皿を手に。

高峰は煙草を吸う。

その場の人間は全員、そのことを知っていた。対談相手も高峰の旧知の人だからもちろんのこと。

仕事も食事も終わったのだから、高峰に「一服どうぞ」と誰かが勧めるべきだった。

そして私こそ灰皿を黙って取りに行くべきだったのだ。

だが私は部屋の隅の棚に灰皿があることにさえ気づいていなかった。

高峰は、全て見ていた。

「こんなことでよろしいですか？」と最後に編集長に聞いた言葉。「いい？」と対談相手に、即ち「話し残したことはないか」と確認した言葉。自分のデザートを私のほうに押しやった行為。

これら短い言葉と行動で、我々三人に対する配慮がわかる。

そして何より、あの、やっちゃ場の仲買人も顔負けのような威勢のよい声が、速記者に対する高峰の気持ちを表していた。

「あなた、いい仕事ぶりでしたよ」と。

高峰は、招かれたゲストでありながら、その場にいる全員に心を配っていた。

この対談を商品にすべく責任を負うている編集長。著名人として高峰を相手に遜色のない発言をしたか問われる対談相手。いつもは「かあちゃん」と呼んで甘えている大食

旅立つ前、楽しげに駅弁を買う松山と高峰。高峰のまなざしはその態度と同じく、誰に対しても平等だった。人が見ていようといまいと変わらなかった。それは女優の目ではなく、潔い一人の人間のまなざしだった。

いの私への気遣い。
そして食事もせず一心にペンを走らせ続けた速記者への労い。
さらに、部屋に何が置かれているかも、くまなく見ていた。
高峰は日頃から、あまり視線を動かさない人だった。
しかし、静かに据えられたそのまなざしは、あらゆるものを見ていた。
何よりも人の心を、高峰秀子は深く見通していたと、今、改めて思う。

まなざしが遺してくれたもの

人はよく、高峰を「怖い」と言う。

たとえば、ある出版社のカメラマンが、まもなく現れる高峰を玄関で私と待っていた時、「高峰さんて怖いんでしょ? 前に後輩の○○が撮影した時、『こういうポーズをとってください』と言ったら、『どうしてそういうポーズをとるの?』って言われちゃって、○○はそれでビビり上がって、遂に最後まで一言も喋れなかったって言ってましたよ」。

私は少々呆れて、応えた。

「こうこういう理由でこういうポーズをとってほしいんです、そう応えれば済む話じゃないですか」

あるいは、高峰に初めてロングインタビューをするために出かけようとする私に、編集部の先輩が「高峰さんは怖いそうだから気を付けてね」と、ニカニカ笑った。

取材を終えて帰社した私が「別に怖くなかったですけど、あなたは高峰さんに会ったことあるんですか?」と言うと、「いや、ないけど……噂でね」と困った顔をした。

親しくなってから、私は夕食の時、言ったことがある。

「人がかあちゃんのこと、怖いって言ってるよ」

すると料理を運んできた高峰が、

「どこが怖いんだぁ、こんなに優しいのに」

わざとドスのきいた声で応えた。

私は思わず噴き出したが、心の中で思ったものだ。

(かあちゃんは確かに怖いよ。でも、人が言う「怖さ」とは違う)

もう二十年近く前だが、H社が高峰の写真集を作った。

表紙のデザインについて打ち合わせするために、高峰は自宅近くのホテルに出かけた。

翌日、高峰はこう言った、

「あの人はプロですよ」

そして続けた、

「小さいビュアー(内部にライトが点き、その上にネガなどを置くと鮮明に見える、分厚い板状の器具)まで持ってきて、その上に色見本の短冊を置いて『これはどうでしょう？』など。私が『もう少し明るいオレンジがいいんじゃないかしら』と言うと、『では、これでは？』と別の短冊を置く。私がまた何か言うと、『では、これでは？』『これでは？』って次々に短冊を置くの。一切余計なことを言わず、実に手際がいい。プロですよ、あの人は」

高峰は初めて会ったその人の仕事ぶりに惚れ込んでいた。

半年後、高峰が書いた脚本「忍ばずの女」が明治座で上演されることになった。

高峰は言った、

「あの二人を招待しようと思うの」

その二人は、既に刊行され好評を得ていた写真集の、件《くだん》のデザイナー、そして彼とコンビを組むように編集の仕事をした男性のことで、二人ともそのH社の社員ではなく、いわゆるフリーの人達だった。

私は「ああ、あの二人」と思ったが、写真集の作業が終わってのち、私は二人のことを忘れていた。

だが高峰は覚えていた。

覚えていて、H社の編集長ではなく、フリーの二人を招待した。

さらに一年後、私が初めての自著『高峰秀子の捨てられない荷物』を、契約社員として働いていた文藝春秋から出すことになった。

担当してくれた当時の出版部長K氏が「そろそろ表紙の装丁を決めなきゃいけない。高峰さんの本なら安野（光雅）先生にお願いするんだけど、いくら高峰さんのことを書いていても君の本だから安野先生というわけにはいかないから、高峰さんに相談してみてくれる？」と。

いかにもと私は頷き、さっそく高峰に相談すると、

「あの人はどう？」

あの人？

「写真集のデザインをしてくれたTさんよ」

「ああ、あのTさん……」

正直、私は、その時に及んでまだ高峰がTさんのことを覚えていること自体に、まず驚いた。

「でも、外の人を使っていいのか、Kさんに訊いてみてね」

高峰はそういう慮りをする人だ。

その時のことをK氏は懐かしそうに言った、「高峰さんくらいの人だったら、『私はTさんに装丁してほしいんです』、普通はそれで終わりだよ。なのにこちらの事情にも配慮してくれた。さすがだよね」。

加えて高峰は言った、

「でもTさんは本の装丁をするのかしら？　まずそれを訊かないとね」

つい先日T氏本人から聞いたが、高峰は自分で電話をかけてきたそうだ、「あなたは本の装丁もしますか？」と。

そして高峰指定の、「濃紺」「さび朱」「銀ねず」を配した、T氏の手になる、文字通り、私などには身分不相応な、目にも品格溢れる装丁の単行本が出来上がった。

作家の皆川博子先生は書店に平積みされた拙著を一目見て、「まぁ、何て素敵な本」と手に取り、「高峰秀子」の一文字で即、購入してくださったくらいだ。

さらにまた半年後、ある女性作家が初めて文藝春秋で随筆を刊行することになり、装丁を決める時、K氏が参考として並べた十冊余りの既刊本の中に拙著を混ぜておいたら、彼女は真っ先に拙著を指差し、「この本を装丁した人に私の本を」と即決したそうだ。

それを伝えると、高峰が言った、

「ホラね。かあちゃんの思った通りになった。Tさんの文藝春秋での次の仕事ができたよ」

この時、私は高峰秀子という人に改めて感嘆した。そこまで考えていたのか、と。

写真集を作った時、高峰はT氏に一度しか会っていない。その一度で、高峰はT氏の仕事ぶりと、そして人柄まで見抜いたのだ。

そして自分の〝引き出し〟に入れた。

「あの人」即ちT氏とは、友成修氏である。

その後、拙著を次々に手掛けてくれ、まもなく単行本となるこの『高峰秀子の引き出し』も氏の手に成る。

高峰は、一発必中だった。

その眼力が遺してくれた〝財産〟の恩恵に、今も私は浴している。

高峰のまなざしが見たもの――。

それは、人間の感性と誠実。

人はそれだけあればいい。

高峰秀子の怖さは、そこにある。

60歳の高峰。いかにも穏やかな一葉。気取らず、気張らず、自然で、それでいて凛とした風格がある。どこか百戦を戦い終えた戦士のような自信と、静けささえ漂う、充足感に満ちた〝まなざし〟ではないか。

©ERNEST LYNK

あとがき

部屋のどの引き出しも、どこの引き出しも、開けると、目を見張るほど美しかった。

その一つ一つを、惜しげもなく、高峰は私に見せてくれた。

そのたびに私は、驚き、唸り、見惚れた。

だが、一番美しかったのは、高峰秀子という人間が持つ、引き出しだった。

何気なく言った彼女の一言、ふいに見せる表情、彼女にとっては毎日行っている当たり前の行動、物事への対処……。

それらの一つ一つが私には、無言の教えだった。

高峰は、惜しげもなく、与えてくれた。

与えるなどという意識もなく、与えてくれた。

私は、死ぬまで、まるで遺跡発掘に魅入られたシュリーマンのように、高峰の引き出しを、一つ、また一つと、そっと開け続けていくだろう。

だが、生涯かけても、その引き出しは開けつくせない。

それほど無尽蔵で、引き出しはあとからあとから現れ、汲めども尽きぬ泉のように、その中からは整然と収められた美しいものが出てくる。

一体いくつあるのか、何が収められているのか、私にはわからない。

高峰秀子とは、そういう人だった。


『高峰秀子の捨てられない荷物』を上梓したばかりの、まだ随筆など書いたこともない私に、無謀にも三本も「書け」と依頼してくれて、十三年後にはクロワッサンの連載を実現してくれた越川典子さんに、注文の細かい私にイヤな顔一つせず本書を作ってくださった野口貴子さんに、そして、いつもながら私などには身に過ぎた、高峰が見たら一目で「いいねぇ」と言うだろう、素晴らしい装丁をしてくださった友成修氏に、心より感謝するものです。

平成二十七年二月、雪降る日

斎藤明美

文庫版によせて

生きていたら、高峰は百歳になる。

それが今年、二〇二四年である。

各方面にご協力をお願いしながら、片手にも足りない数のメンバーで会議をし、手紙を書き、メールを送り、挨拶に回り、打合せし、ポスターやチラシを作り……様々な記念事業を計画準備して、今年を迎えた。

だが、しかしである。

高峰は喜んでいない。それどころか、怒っていると思う。

天上から下界を見下ろして、松山とこんな会話をしているのが私の耳元で聞こえる。

「善三さん、あの子はもともとそう出来がいい子ではなかったけど、やっぱりバカですね、こんなことをして」

「違うよ、秀さん。あの子はバカじゃないよ。ただ、秀さんのことが好きで好きでしょうがないんだよ」

「相変わらず甘ったれです、明美は」

「いいじゃないか、ああして一所懸命やってるんだから、やらせておやりよ」

「明美には他に一所懸命やらなきゃいけないことがあるはずです。ホントにしょうのない子……」

そして高峰は深くため息をつく。

恐ろしいことに、この仮想会話は99％当たっている。

高峰が死んでも、私にはこういう時、彼女がどう言うか、こんな場面でどんな言葉を発するか、わかる。

「斎藤明美という人は私を理解してくれた」

高峰が最後に書いてくれた拙著のあとがきにこの一文がある。私の勲章である。

それほど理解しているはずなのに、高峰が良しとしないことを全力でやっている。

なぜ高峰が怒っているのか、理由もよくわかっている。人様に迷惑をかけること、自分のために他人様の手を煩わせることを、高峰は何より嫌ったからだ。事実、そんなことを一度もしてこなかった人だ。

私は松山家の番犬として、松山の言うことには逆らったことはあっても、鎖の端を握っている女主人にだけは絶対忠実だった。「お座り！」と言われれば嬉々として座り、

「伏せ！」と言われれば喜んで伏せた。それが私の幸せだった。

逆らったことは二度だけだ。一度目は高峰が私に折れてくれた。だが二度目の今回ばかりは無理だと思う。

松山が私に言ったことがある、

「愛情というのは、相手が望むようにしてあげることだよ」

その言葉にも逆らっている。

だが私は、高峰秀子という一人の人間には、生誕一〇〇年を記念するだけの値打ちがあると信じている。逆らう理由はそれだけである。

いつか自分が死ぬ間際に、そっと「高峰秀子」という引き出しを開けると、紙片が一枚入っているだろう。

「私の名も存在も、すべて無くなることを望んでいます。ただ煙のようになって消えていきたい」

高峰が言うように、「しょうのない」ヤツだ、私は。

令和六年二月　　　斎藤明美

初出「クロワッサン」連載『高峰秀子の引き出し』
869号（2014年1月25日号）〜897号（2015年3月25日号）
書籍化にあたり、一部、加筆、修正しました。
本文写真　青木和義
（なお、高峰秀子の写真は著者提供のものです。）

単行本　2015年4月　マガジンハウス刊
（本書に収録された写真データはマガジンハウス・クロワッサン編集部および知的財産室所有のものです。）

DTP制作　エヴリ・シンク

文春文庫

高峰秀子《たかみねひでこ》の引《ひ》き出《だ》し

定価はカバーに
表示してあります

2024年5月10日　第1刷

著　者　斎藤明美《さいとうあけみ》
発行者　大沼貴之
発行所　株式会社　文藝春秋

東京都千代田区紀尾井町 3-23　〒102-8008
TEL　03・3265・1211㈹
文藝春秋ホームページ　http://www.bunshun.co.jp

落丁、乱丁本は、お手数ですが小社製作部宛お送り下さい。送料小社負担でお取替致します。

印刷製本・TOPPAN

Printed in Japan
ISBN978-4-16-792221-4

（　）内は解説者。品切の節はご容赦下さい。

藝人春秋
水道橋博士
北野武、松本人志、そのまんま東……今を時めく芸人たちを、博士ならではの鋭く愛情に満ちた目で描き、ベストセラーとなった藝人論。有吉弘行論を文庫版特別収録。（若林正恭）
す-20-1

藝人春秋2　ハカセより愛をこめて
水道橋博士
博士がスパイとして芸能界に潜入し、橋下徹からリリー・フランキー、タモリまで、浮き沈みの激しい世界の怪人奇人18名を濃厚に描く抱腹絶倒ノンフィクション。（ダースレイダー）
す-20-2

うつ病九段　プロ棋士が将棋を失くした一年間
先崎　学
空前の将棋ブームの陰で、その棋士はうつ病と闘っていた。孤独の苦しみ、将棋が指せなくなるという恐怖、復帰への焦り……。発症から回復までを綴った心揺さぶる手記。（佐藤　優）
せ-6-2

老いてこそ上機嫌
田辺聖子
「80だろうが、90だろうが屁とも思っておらぬ」と豪語するお聖さんももうすぐ90歳。２００を超える作品の中から厳選した、短くて面白くて心の奥に響く言葉ばかりを集めました。
た-3-54

死はこわくない
立花　隆
自殺、安楽死、脳死、臨死体験……。長きにわたり、生命の不思議をテーマとして追い続けてきた「知の巨人」が真正面から〈死〉に挑む。がん、心臓手術を乗り越え、到達した境地とは。
た-5-25

花の百名山
田中澄江
春の御前山で出会ったカタクリの大群落。身を伏せて確かめた早池峰の小さなチシマコザクラ――山と花をこよなく愛した著者が綴った珠玉のエッセイ。読売文学賞受賞作。（平尾隆弘）
た-14-5

わたしの渡世日記（上下）
高峰秀子
複雑な家庭環境、義母との確執、映画デビュー、青年・黒澤明との初恋など、波瀾の半生を常に明るく前向きに生きた著者が、ユーモアあふれる筆で綴った傑作自叙エッセイ。（沢木耕太郎）
た-37-2

（　）内は解説者。品切の節はご容赦下さい。

高峰秀子
コットンが好き
飾り棚、手燭、真珠、浴衣、はんこ、腕時計、ダイヤモンド……。これまで共に生きてきた、かけ替えのない道具や小物たちとの思い出を、愛情たっぷりに綴った名エッセイ。待望の復刻版。
た-37-7

高山なおみ
帰ってから、お腹がすいてもいいようにと思ったのだ。
高山なおみが本格的な「料理家」になる途中のサナギのようなころの、落ち着かなさ、不安さえ見え隠れする淡い心持ちを綴ったエッセイ集。なにげない出来事が心を揺るがす。（原田郁子）
た-71-1

高野秀行
辺境メシ
ヤバそうだから食べてみた
カエルの子宮、猿の脳みそ、ゴリラ肉、胎盤餃子……。未知なる「珍食」を求めて、世界を東へ西へ。辺境探検の第一人者である著者が綴った、抱腹絶倒エッセイ！（サラーム海上）
た-105-1

津村節子
果てなき便り
「節子、僕の許を離れるな！」便箋から浮かび上がる夫・吉村昭の決意、孤独、希望、愛。出会った若き日から亡くなるまで交わした書簡で辿る、夫婦作家慈しみの軌跡。（梯　久美子）
つ-3-15

土屋賢二
われ笑う、ゆえにわれあり
愛ってなんぼのものか？　あなたも禁煙をやめられる、老化の楽しみ方、超好意的女性論序説などなど、人間について世界について徹底的に考察したお笑い哲学エッセイ。（柴門ふみ）
つ-11-1

土屋賢二
無理難題が多すぎる
何気ない日常にも哲学のヒントは隠れている。「妻になる！」と決心したり、「老人の生きる道」を模索したり、野球解説を考察したり——笑い溢れるエッセイ集。（西澤順一）
つ-11-23

中野孝次
ハラスのいた日々
増補版
一匹の柴犬を〝もうひとりの家族〟として、惜しみなく愛を注ぐ夫婦がいた。愛することの尊さと生きる歓びを、小さな生きものに教えられる、新田次郎文学賞に輝く感動の愛犬物語。
な-21-1

文春文庫　最新刊

他者の靴を履く アナーキック・エンパシーのすすめ　ブレイディみかこ
エンパシー×アナキズムで、多様性の時代を生き抜く！

飾結び 新・秋山久蔵御用控（十九）　藤井邦夫
飾結びの菊結びにこめられた夫婦愛…久蔵の処断が光る

馬駆ける 岡っ引黒駒吉蔵　藤原緋沙子
甲州黒駒を乗り回す岡っ引・吉蔵の活躍を描く第2弾！

神と王 主なき天鳥船　浅葉なつ
琉劔たちは、国民から「狗王」と蔑まれる少年と出会う

いつか、アジアの街角で 中島京子　桜庭一樹　島本理生　大島真寿美　宮下奈都　角田光代
あの街の空気が語りかけてくるような、珠玉の短編6作

朝比奈凜之助捕物暦 美しい女房　千野隆司
色恋を餌に女を食い物にする裏組織を、凜之助が追う！

その霊、幻覚です。 視える臨床心理士・泉宮一華の嘘3　竹村優希
失恋した姫の怨霊に、少女の霊との命懸けのかくれんぼ

横浜大戦争 川崎・町田編　蜂須賀敬明
川崎から突然喧嘩を売られ…横浜土地神バトル第三弾！

万葉と沙羅　中江有里
通信制高校で再会した二人を、本が結ぶ瑞々しい青春小説

クロワッサン学習塾 謎解きはベーカリーで　伽古屋圭市
学校って、行かなきゃダメ？　親と子の想いが交錯する

ナースの卯月に視えるもの　秋谷りんこ
病棟で起きる小さな奇跡に涙する、心温まるミステリー

ここじゃない世界に行きたかった　塩谷舞
SNSで大反響！　多様性の時代を象徴する新世代エッセイ

高峰秀子の引き出し　斎藤明美
生誕百周年。思い出と宝物が詰まった、珠玉のエッセイ

箱根駅伝を伝える テレビ初の挑戦　原島由美子
〝箱根〟に魅せられたテレビマンが前代未聞の中継に挑む

台北プライベートアイ　紀蔚然　舩山むつみ訳
元大学教授が裏路地に隠棲し私立探偵の看板を掲げるが…

精選女性随筆集 白洲正子　小池真理子選
骨董に向き合うように人と付き合った著者の名文の数々